講談社選書メチエ

794

神武天皇の歴史学

外池 昇

MÉTIER

神武天皇の歴史学◉目次

【註記】

・引用文中および本文中において史料等の表現を引用する際、「穢多」「土人」など現在では差別的な表現が含まれることがあるが、これらの記述は当時の時代・社会意識を反映させたものであり、歴史的史料等としての性格上そのままとした。著者に差別を助長する意図は全くないことをここに明記する。

・本書における史料の引用はわかりやすさに重点を置き、基本的には現代文にしたものを載せた。特に原文のまま載せた場合はその旨註記した。また現代文で史料を引用した場合でも、部分的に原文を引く必要がある場合には「　」に原文を示した。

・なお引用が二段落以上に及ぶ場合は、読みやすくするために各段落の冒頭に「・」を付けた。一段落のみの場合は「・」を付けなかった。ただし、特に断って原文のままで史料を引用する場合は、二段落以上にわたる場合でも「・」を付けなかった。

・地名については、史料における表記を尊重し、判明し得る限りで現在の地名を（　）内に示した。ただし「畝傍」「畝火」については、「畝火」が『古事記』によるもの、「畝傍」が『日本書紀』によるものであってここでそのいずれかに統一することもできず、その箇所毎に適切と思われる表記によることとした。また「橿」（「白橿」）・「檮」（「白檮」）についても、当該史料にみえる用字にその都度従うこととした。

・難読なあるいは間違えやすい漢字にはひらかなでふりかなを振った。また近世末までの原史料に書かれているふりかなを表記する場合はカタカナで振った。これは、本稿で引用した近世末までの原史料の範囲ではふりかなはカタカナであることによる。

・年代の表記については、年号を記した後に（　）内で西暦を示した。なお本書が一般の読者を主な対象としたものであることに鑑みて、史料・各種文献の引用であった場合であっても年号の記述があれば適宜（　）内に西暦を示した。また改元があった年については、明治改元以前は、その出来事が改元の月日よりも前であれば改元前の年号を記し、その後に（　）内に西暦を記した。また、太陽暦採用前の明治五年（一八七二）以前においては、「一月」の表記をせず「正月」とした。

・書籍・定期刊行物等の書誌情報を記す際の年代の表記は、年号なり西暦なりに揃えることをせず、それぞれの奥付の表記（併記されている場合は初めに記された方）に従うこととした。本書の内容の性格上、年代を単に即物的な表示として捉えて、何らかの便宜的な基準を設けてまでして敢えて統一してしまうには忍びないからである。

序章　現代の神武天皇

野田九浦画「神武天皇御東征」部分　神宮徴古館所蔵

これから神武天皇について述べようとするにあたって、まず、現代社会において神武天皇がどのように存在しているのかについてみることにしたい。『古事記』『日本書紀』が示すところによれば、神武天皇は初代の天皇であり、遥かな昔というほかに言いようがない時代の天皇である。当然、伝説上の人物であろうという考え方が有力になってくる。

本書が取り上げるのは、そのような神武天皇とそれをめぐる動向である。

1　歴史学のなかの神武天皇

実在か非実在か

神武天皇のことを話していて問われることがある。それは、神武天皇は実在していたのか、それとも実在していなかったのか、ということである。この問は、問を発する側からすれば、何を措いてもまず最初に問わなければならない大切なことなのであろうけれども、問われる側としては、場合によってはあたかも踏み絵の如き圧迫感をもって眼の前に立ちはだかってくる。

もちろん、『古事記』『日本書紀』の記述から浮かび上がってくる神武天皇をどう捉えるかは各人各様であろうし、またそうでなくてはならないとは思うけれども、もちろん私とても神武天皇をいわゆる歴史上の人物と同列において考えているのではない。というのは、戦後長足の進歩を遂げた考古学の成果の結果、原始・古代史の実相が明らかとなり、また同時に、『古事記』『日本書紀』の実証的な研究も展開し、神武天皇についての部分等はそのまま いわゆる歴史的事実の反映と見做《みな》すのではなく、神話・説話等として理解するのが今日の定説である。その点からすれば、確かに神武天皇は非実在の人物に違いない。

しかしこれから本書で取り上げることになる神武天皇をめぐるさまざまな動向には、歴史上注目するのに充分なだけの価値があるものが数多く含まれている。ことに神武天皇の陵がどこにあるのかという問題については、複数の候補地をめぐって論争が繰り広げられてきた。しかもこの論争は、幕末期における列強諸国による圧力下にあって孝明天皇の意思による解決が図られたのである。

「神武創業ノ始」

さらに言えば本書の視点からは、よく知られている慶応三年（一八六七）十二月九日の「王政復古の大号令」が注目される。ここに至って、新政府による政治のあるべき姿は明治天皇による親政であり、その原点は「諸事神武創業ノ始ニ原《もと》ツキ」（傍点引用者）ということになった。

それればかりではない。明治五年（一八七二）十一月二十八日の「徴兵告諭」や明治十五年（一八八二）一月四日の「軍人勅諭」でも、神武天皇は我が国における軍隊の創設者とされた。

このような神武天皇をめぐる動向と並行して、その墓とされる神武天皇陵のもつ意味も変化していった。神武天皇陵への参拝者は次第に多くなり、それに接する神武天皇が営んだ橿原宮《かしはらのみや》の跡地とされる所には、明治二十三年（一八九〇）四月二日に神武天皇と同皇后媛蹈鞴五十鈴媛命《ひめたたらいすずひめのみこと》を祀った橿原神宮が鎮座した。

つまり神武天皇は、確かに『古事記』『日本書紀』の記述にみえる非実在の人物には違いはないが、近代にあっては、ただ非実在であるというばかりの人物として捉えるだけでは決して充分ではないのである。

さて本書では、これからそのような神武天皇について述べてゆくことになるが、この場合、いったいどの時点から一ページ目を始めるのがよいのであろうか。大いに悩むところである。『日本書紀』の記す神武天皇即位の時点からということなら「辛酉《かのとのとり》年春正月庚辰朔《かのえたつついたち》」（西暦に換算して紀元前六六〇年）であるが、それとも、『古事記』や『日本書紀』の完成の時点からとした方が相応しいのであろうか。あるいは、他に誰しもが納得する良い方法があるのであろうか。

植村清二著『神武天皇』

などと考えあぐねているうちに、六十数年も前の本ではあるが、植村清二著『神武天皇――日本の建国』（昭和三十二年〔一九五七〕十二月、至文堂、一九九〇年九月に中公文庫に収録。以下、ページは中公文庫版による）に出会った。植村は明治三十四年（一九〇一）に生まれ、東京帝国大学文学部東洋史学科を卒業後、東京府立第五中学校、旧制松山高等学校・新潟高等学校、新潟大学・国士舘大学・東京女学館短期大学等で教壇に立った。旧制高等学校教授型の名物教授の最後の人と評される。著書には『神武天皇』の他にも、『万里の長城』『楠木正成』『諸葛孔明』『歴史と文芸の間』等があり、昭和六十二年（一九八七）に亡くなった。また、よく知られている作家の直木三十五は実兄である。植村清二は「神武天皇観の変遷」について、こういう。

神武天皇の存在が強く意識されるようになったのは、恐らく江戸時代の中期に国学の研究が起って、本居宣長や平田篤胤等によって古代の歴史が回顧されるようになってからであろう。水戸学もまた名分論からこの傾向を助長し、藤田東湖や会沢安は、いずれも皇道の基本を天皇の事蹟に求めている。徳川幕府が権威を失って、天皇政治の復古が唱えられるようになると、この風潮はますます盛んになり、文久年間にはその陵墓が決定して修理が行われ、引き続いて孝明天皇が攘夷の奉告のために、ここに行幸されようとすることさえあるようになった。[1]

さらに植村は続ける。およそ次の通りである。こうした気運に推進された明治維新であったのだから、皇室の始祖としての神武天皇が回想されるようになったのである。であるからこそ、明治五年（一八七二）には神武紀元が制定され、また天皇の即位の日を祝日として紀元節と名づけ、七年以来二月十一日と定められた。明治二十二年には皇居があったと伝える畝傍山の東南に、天皇を祭る神宮が創建され、翌年橿原神宮の宮号が定められた。同年には軍人の勲功を顕彰するために、長髄彦《ながすねひこ》討伐の故事（長髄彦は記紀に記された神武天皇との戦に敗れた在地の指導者。この戦に際して神武天皇は飛来してきた金色の「鵄《とび》」に助けられて勝利した）によって、金鵄《きんし》勲章《くんしょう》が制定されている。

そして植村清二は、このくだりを「こうして神武天皇は明治時代には過去に比類のない著しい存在となった」[2]と結ぶ。

「比類のない著しい存在」

なるほど神武天皇は江戸時代中期に国学者によって取り上げられ、幕末期を経て明治期に入って「過去に比類のない著しい存在となった」、つまり右に述べた「ただ非実在であるというばかりの人物として捉えるだけでは決して充分ではない」神武天皇となった、というのである。

ところで神武天皇の実在・非実在の問題については、植村はどう考えていたのか。同著は右に続く部分で、神武天皇についての検討をあらゆる面において放棄した戦後期における歴史学の動向に関する言及を「皇室に対する社会の観念の変化は、その伝説上の始祖の取り扱いまで全く変化させるようになったのである」[3]と結んだ上で、次のように述べる。

しかし純粋な史学の立場からすれば、政治的事情の変化によって、史的事象の評価にまで変化を生ずることは、決して好ましいことではない。歴史的問題そのものに政治的意味を付け加えることはもとより避くべきことである。伝承の批判の結果、神武天皇の物語が後の時代に作られたものであるとするならば、何故にそうした物語が作られたかということは、同時に新しい一つの課題となる。そして大和朝廷の存在ということが否定することのできない事実である以上、それがどうしてはじまったかということは、更に解明を要する問題となる。伝説上の神武天皇が歴史的に存在したか存在しなかったかということは、ただいくらか通俗的な興味をひくだけの問題に過ぎないが、日本の古代国家が、どのようにして成立したかということは、少なくとも多数の日本人にとっては知ることを要する、また知らんことを欲する重要な問題である。まして伝承の批判にはまだ多くの検討の余地がある。神武天皇はこの意味から紀元節や建国祭の復活から離れて、なお新しい研究の主題である価値を失わないのである。[4]

神武天皇の歴史学

ここでは神武天皇の実在・非実在の問題は、「ただいくらか通俗的な興味をひくだけの問題に過ぎない」とされている。そしてそれにもかかわらず、神武天皇についての研究は、実在・非実在の問題を離れても価値があるものであり、しかも「紀元節や建国祭の復活から離れて、なお新しい研究の主題である価値を失わない」というのである。

日本歴史掛図に描かれた神武天皇。戦前の学校教育で用いられた

この指摘は、長年月を経た今日なお新鮮である。そのことを私流に解釈してしまえば、まさに神武天皇の研究は自由でなくてはならないということである。そしてそうであれば、当然、本書の標題である「神武天皇の歴史学」も可能だということにな

る。

そこで、本書はおよそ次のような方針によって著わされることになるであろうと思われる。まずは、我われが生活する現代社会の中の神武天皇についてみる。何を措いても、まずはこれを確認しなければならない。次には、およそ幕末期頃からはじめて、神武天皇が「明治時代には過去に比類のない著しい存在となった」というおおむね明治中期頃までを目安として、これまでにもよく知られてきた史料はもちろんのこと、本書で初めて広く紹介される史料をも含めて、本書の趣旨からみて重要だと思われる史料は一点一点丁寧に読み進めてゆく。その上で、明治中期から現代までについて俯瞰することにしたい。このような学問の上での営みからは、きっと今までみることができなかった新たな神武天皇像が浮かび上がってくるに違いない。

2 歴史教科書にみる神武天皇

「神武景気」のみ

戦後半世紀どころか四分の三世紀以上をも経過した今、若者に限らず、圧倒的な割合の人びとが神武天皇について何かを意識させられる場面はそう多くはない。

とは言いながら、現代社会の表皮を何枚か引き剝がしたところには、今日なお神武天皇は存在している。決してそのすべてが忘れ去られてしまったのではない。断片的にせよ神武天皇は、さまざまな形で確かに現代社会の一部を構成しているのである。

ここではまず、現在用いられている歴史教科書でどのように取り上げられているのかみることにしたい。

高等学校で使用されている日本史探究の教科書のうち、山川出版社『詳説日本史』（二〇二二年三月文部科学省検定済、二〇二三年三月発行）をみると、次の四ヵ所に神武天皇に関する記述がある。時代順に挙げることにしよう。

一つ目は、第Ⅰ部「原始・古代」第3章「律令国家の形成」3「律令国家の文化」のうち、『古事記』についての記述の「注」に出てくる。すなわち、「神話・伝承は、神々の出現や国生みをはじめとして、天孫降臨《てんそんこうりん》、神武《じんむ》天皇の「東征《とうせい》」、日本武尊《やまとたけるのみこと》の地方制圧などの物語からなる」（傍点引用者。以下同）という説明である。それにしても、そこに並んで記されている『日本書紀』については、注も含めて神武天皇についての言及がないのはどうしたことであろうか。

二つ目は、第Ⅳ部「近代・現代」の第11章「近世から近代へ」2「幕府の滅亡と新政府の発足」に史料として掲載されている「王政復古の大号令」の「諸事神武《じんむ》創業ノ始メニ原《もと》ツキ」（ふりかなは史料のまま）との文言である。

三つ目は第Ⅳ部第12章「近代国家の成立」1「明治維新と富国強兵」で、天皇と関わる祝祭日の制定についての「注」として「『日本書紀』が伝える神武《じんむ》天皇即位の日（正月朔日《ついたち》）を太陽暦に換算して紀元節《きげんせつ》（2月11日）とし」とある。

そして四つ目は第Ⅳ部第17章「高度成長の時代」2「経済復興から高度経済成長へ」で、本文で一九五五〜五七年（昭和三〇〜三二）の「神武景気《じんむけいき》」と呼ばれる大型景気を取り上げ、その「注」として「神武天皇の治世《ちせい》以来の好景気ということで、名づけられた」とある。

つまり、神武天皇が高等学校の日本史の教科書に取り上げられる機会は時代も場面もばらばらで、しかも取り上げているとはいっても、四ヵ所のうち二ヵ所は「注」、一ヵ所は史料の中の文言であり、本文として取り上げられているのはただ一ヵ所、昭和戦後期の「神武景気」しかない。神武天皇という人物や、その初代天皇としての意味を主題とした記述は全くみられないのである。少なくとも神武天皇についての記述に関する限り、日本史の学習に熱心な高校生が心をこめてこの教科書を読んだとしても、その高校生が神武天皇のことがよくわかるようになるとは全く思われない。それとも、神武天皇についての系統立った知識はなくても、あるいはない方が良いということなのであろうか。

ちなみに、この山川出版社の『詳説日本史』では、昭和十五年（一九四〇）の紀元二千六百年式典等については記載がない。この「紀元二千六百年」というのは、『日本書紀』の示す神武天皇の橿原宮での即位から二千六百年という意味である。

神武天皇についての知識

それでは例えば教科書にどのような内容を補えば、高校生は神武天皇についての系統立った理解ができるようになるのであろうか。そのためには、少なくとも次のような項目についての記述が必要と思われる。

・『古事記』『日本書紀』には神武天皇について、「高天原」から「降臨」した「天孫族」の神武天皇が自ら天下を治めるべく日向《ひむか》から大和に「東征」し、橿原に宮を定めて初代天皇として自ら即位したと記述されており、その神武天皇の即位は、仮に西暦に置き換えてみれば紀元前六六〇年に当たること。

・このような『古事記』『日本書紀』にみられる神武天皇は、今日では非実在の伝説上の人物とされている。しかし我が国の近代においては、その神武天皇が政治の上でまた社会において大きな位置を占めていたこと。

・神武紀元とは、『古事記』『日本書紀』にみえる神武天皇が即位したとされる辛酉年（西暦では紀元前六六〇年）を元年とする紀年法（年代を数える方法）であること。

仮にこのような説明があれば、高校生の神武天皇についての知識は少なくともある程度は充実したものになると思われるのであるが、どうであろうか。

とは言え、本書は現在の歴史教科書の内容について新たな提言をすることを目的としたものではない。ここに高等学校の日本史探究の教科書の神武天皇についての記述をみたのも、あくまで現代社会の中での神武天皇のあり方について考えるためのひとつの手立てとしてのことである。今は先を急ぐことにしよう。

3　神武天皇陵と橿原神宮

ここで取り上げるのは、神武天皇の墓とされる神武天皇陵と、神武天皇を祭神として祀った橿原神宮についてである。

神武天皇陵と宮内庁

神武天皇陵については、しばしば次のような言い方がなされる。つまり、「非実在の（筈の）神武天皇に墓があるのはおかしいではないか」というようにである。しかし、歴史上確かに実在した人物の墓が不明という場合ももちろんあるし、殊更に神武天皇の例を持ち出すまでもなく例えば日本《やまと》武《たけるの》尊《みこと》（倭建命）のように実在しない人物でも実際には墓とされる所がある場合もある。しかしそれでも今日なお神武天皇の墓、つまり神武天皇陵が確かに存在すると聞けば、奇異の感を抱く向きも多いのではないだろうか。そのような神武天皇また神武天皇陵は現代社会の中で果たしてどのように存在しているのであろうか。

神武天皇陵は奈良県橿原市大久保町に所在し、宮内庁の管理下にある。宮内庁で皇室関連の資料や陵墓を管理しているのは書陵部であるが、神武天皇陵はそのうちの畝傍陵墓監区が管轄している。従って、他の天皇陵と同じくその域内には許可なく立ち入ることができない。これはつまり、域内を実際に観察してその様子をここに書き記したり、ましてや域内の写真を撮影して本書に載せることなどできないということである。せっかく神武天皇陵が国の機関（宮内庁）の管理の下にあるというのに、これでは何とも残念なことである。

そこで一計を案じて、次のようなことを考えた。つまり、書陵部所管の陵墓等についての職員の手引書として日常管理事務用に作成された『陵墓要覧』第六版（平成二十四年三月、宮内庁書陵部）の記述を取り上げて、それを手懸りとして神武天皇なり神武天皇陵なりについて知ろうというものである。実際に観察したりあるいは写真を見たりするのに較べると、いかにも隔靴《かっか》掻痒《そうよう》の感は免れ得ないけれども、これもひとつの方法ではあろう。『陵墓要覧』にみられる文言のひとつひとつを丁寧に追いつつ、一歩でも神武天皇あるいは神武天皇陵への接近を試みることにしたい。

『陵墓要覧』

さてその『陵墓要覧』の神武天皇陵の条には、次のようにある。原文のまま引用する。

一　神武《じんむ》天皇　畝傍山東北陵《うねびやまのうしとらのすみのみささぎ》　奈良県橿原市大久保町
円丘　堀　鸕鶿草葺不合尊・妃玉依姫命　七六・三・一一（七六・四・三）崩[5]
（ふりかなは原文の通り）

まず、一行目の初めに「一」とあるのは歴代数、つまり天皇になった順である。神武天皇は初代であるから「一」である。次の「神武天皇」はもちろん名であるが、これは亡くなってから天皇の徳を称えて贈られた諡号《しごう》である。生前は、『古事記』によれば「神倭伊波礼毘古命《かむやまといわれびこのみこと》」、『日本書紀』によれば「神日本磐余彦天皇《かむやまといわれびこのすめらみこと》」といった。「畝傍山東北陵」というのは陵名（陵号ともいう）で、陵墓の場合はそこに葬られた方の名に加えてこのような名称がつくことがある。「奈良県橿原市大久保町」は所在地であり、先にみた通りである。

二行目である。「円丘」というのは陵の形状、「堀」というのはまさに堀があるということを示す。「鸕鷀草葺不合尊」とあるのは神武天皇の父で、『日本書紀』では彦波瀲武《ひこなぎさたけう》鸕鷀《かや》草葺不合尊《ふきあえずのみこと》という。『古事記』では天津《あまつ》日《ひ》高日子《たかひこ》波限建《なぎさたけう》鵜葺草《かや》葺不合命《ふきあえずのみこと》である。「妃玉依姫命」とあるのは神武天皇の母で『日本書紀』によったものであるが、『古事記』では玉依毘《たまよりび》売命《めのみこと》という。また「妃」が冠せられているのは、玉依姫が鸕鷀草葺不合尊の妃であることを示す。「七六・三・一一」とあるのは、神武天皇が即位して七十六年の三月十一日に亡くなったことを示している。『日本書紀』の記述に拠ったもので、もちろん旧暦による。『古事記』にはそれに当たる記述はみられない。それに続けて「(七六・四・三)」とあるのは、上記の年月日を新暦に換算した結果を示すもので、旧暦と同じ七十六年の四月三日に相当するということである。「崩《ほう》」は、天皇が亡くなった場合に用いられる敬語で、天皇のほかに上皇・法皇・皇后・皇太后・太皇太后の場合にも用いられる。

いかがであろう。右の事柄から、現代社会における神武天皇陵のおよその輪郭が、『陵墓要覧』の記述を通じてみえてきたであろうか。ここで、この『陵墓要覧』の記述の内容をさらに分かりやすくまとめると、次のようになると思われる。

・神武天皇陵は、初代天皇の陵として天皇による祭祀の対象である。その管理は、国の機関である宮内庁が行なっている。

・天皇による祭祀あるいは宮内庁による管理に際しては、神武天皇・神武天皇陵についての事柄は『古事記』『日本書紀』の記述に拠っているが、この両者の内では実際には『日本書紀』がより重んじられている。
・『日本書紀』が示す神武天皇が亡くなった年月日は神武天皇七十六年三月十一日であるが、今日における祭祀はこれを新暦に換算した四月三日に執り行なわれている。
・神武天皇陵は畝傍山東北陵といわれる。

ここには、『古事記』『日本書紀』における神武天皇に関する記述が史実であるかどうかというような疑問が入り込む寸分の余地もない。つまりこのことは、神武天皇が歴史上実在するのかそれとも非実在であるのかということが、宮内庁書陵部では全く問題となっていないということをよく示すものである。『陵墓要覧』の神武天皇陵に関する記述は、このようなことを前提としてみなければおよそ理解することはできない。

とここまで話が進んできて、今度はもう一ヵ所『陵墓要覧』にある神武天皇に関する記載を取り上げることにしよう。それは「式年表」にみえるものである。ここにみえる「式年」というのは、天皇・皇族が亡くなった後の祭祀を行なうものとして定められた年のことである。いまみている平成二十四年三月発行（第六版）の「式年表」には、昭和三十七年（一九六二）から平成七十三年（二〇六一）まで百年分の式年が記されているのであるが、その平成二十八年（二〇一六）の条には次のようにある。

神武天皇　　四月三日　　二千六百年　　畝傍[6]

ここに「四月三日」というのは、先にみた通り『日本書紀』が記す神武天皇が亡くなった神武天皇七十六年三月十一日を新暦に換算した月日である。そして「二千六百年」というのは、神武天皇が亡くなってから二千六百年に当たるということである。つまり、平成二十八年四月三日は神武天皇が亡くなってから二千六百年に当たるのでこの日に神武天皇式年祭が執り行なわれる、ということを示している。なお末尾の「畝傍」は、神武天皇陵が書陵部畝傍陵墓監区畝傍部の管轄であることを示す。

二千六百年式年祭

事実、その平成二十八年（二〇一六）四月三日には神武天皇二千六百年式年祭が執り行なわれ、天皇・皇后（現上皇・上皇后。以下同）は神武天皇陵に臨んだ。『東京新聞』平成二十八年四月四日付（朝刊）から「両陛下が神武天皇陵参拝」との記事を引用することにしたい。共同通信社の配信と思われる。

奈良県を訪問している天皇、皇后両陛下は三日、橿原市内の神武天皇陵で営まれた没後二千六百年式年祭に臨まれた。初代天皇の神武天皇はこの日が命日とされ、天皇陛下はモーニング、皇后さまはロングドレスを着用し、深々と頭を下げて拝礼した。秋篠宮ご夫妻が同行した。天皇陛下は、祭祀《さいし》で自分の気持ちを述べる「御告文《おつげぶみ》」も読み上げた。
両陛下は式年祭の後、陵の近くにある神武天皇を祭った橿原神宮に参拝した。
この日は皇居でも式年祭の「皇霊殿の儀」が営まれ、皇太子ご夫妻が両陛下の名代として出席された。（略）

神武天皇二千六百年式年祭で、神武天皇陵に参拝する天皇（現上皇）と秋篠宮（右）。平成28年4月3日。写真提供・共同通信社

この記事には本書の視点から興味深い点が二点ある。一点目は、同日に皇居内の宮中三殿で「皇霊殿の儀」が営まれ、天皇・皇后の名代として皇太子・皇太子妃（現天皇・皇后。以下同）が出席したことである。式年祭は天皇による天皇陵祭祀の中心をなすものと考えられるが、それは天皇陵の現地でなされるのと同時に宮中三殿でもなされるのである。

二点目は、天皇・皇后が式年祭の終了後に、近くにある橿原神宮に参拝したことである。そしてその橿原神宮には神武天皇が祀られていると記事は述べる。確かに橿原神宮は神武天皇を祭神としている。

そうしてみれば、神武天皇陵は神武天皇の遺骸を納めるとされている所、橿原神宮は神武天皇を祀る所と理解するのが妥当なのであろうと思われる。つまり神武天皇陵と橿原神宮は、天皇・皇后そして皇族による神武天皇への信仰・尊崇の対象として存しているのであって、その上で広く社会一般の人びとによる神武天皇への信仰・尊崇の対象としても存するものなのであろう。

荘重な雰囲気

さて実際に神武天皇陵を訪れてみると、そこは森林に覆われた何とも荘重な雰囲気に溢れていて、人によってはさすが初代天皇の陵とはかくやあらんとの感慨に耽るのではないかと思われる。玉砂利が敷き詰められた陵道に導かれてたどり着いた拝所には鳥居があり、そこから神武天皇陵を拝むことになる。その先は常緑樹を中心とした手入れの行き届いた立派な森林に覆われており、その中心部は到底直接見ることはできない。それでも参拝に訪れた人びとは、思い思いの方法でその方向に向かって拝礼などをしているのである。

そして、神武天皇陵のすぐ隣には橿原神宮が鎮座する。祭神は神武天皇とその皇后媛蹈鞴五十鈴《ひめたたらいすず》媛命《ひめのみこと》で、大層広大な境内である。拝殿前から奥に望む本殿の先に見えるのは、大和三山のひとつ畝傍山である。隣接する神武天皇陵とあわせて、一帯はまさに神武天皇一色という他はない。

橿原神宮は地元でも崇敬が厚く、四季折々の祭事に際しては参拝の人びとで賑わう。その中でも特に例祭として特に重んじられている二月十一日の紀元祭と四月三日の神武天皇祭は、橿原神宮にとって極めて重要かつ特徴的な祭祀であると言えよう。当然ながら、二月十一日の紀元祭は「紀元節」あるいは「建国記念の日」、四月三日の神武天皇祭は神武天皇崩御の日である。もちろんこの両者とも、

『日本書紀』にみえる神武天皇の橿原宮における即位と崩御の日を新暦に換算した日である。言ってみれば橿原神宮は、明治～昭和戦前・戦中期における国家による神武天皇に関する祭祀を今なお具現していることになる。

畝傍山

そうしてみると、神武天皇陵・橿原神宮一帯はまさに神武天皇を中心に据えた現代の聖地ともいうことができよう。畝傍山の優美な姿は、まさにこの聖地にこの上なく相応しいと思われる。

さてここでどうしても向き合わなければならない問に突き当たる。畝傍山は別としても、神武天皇陵や橿原神宮はいったいいつ頃からこの地に存したのであろうか。神武天皇陵も橿原神宮もいかにも荘重な雰囲気を醸し出していて悠久の歴史を感じさせてはくれるものの、その由縁は実際のところどうなのであろう。神武天皇（あるいは媛蹈鞴五十鈴媛命も含めて）が史上実在した人物であるかどうかや果たして何時代の人物であるかなどということはこの際措くとしても、神武天皇陵や橿原神宮は、いつからこの地にあったのであろうか。こんな想いが脳裏を過《よぎ》る向きも、決して少なくはないのではないか。

実はこのことについてはすでに本章1で、橿原神宮の鎮座は明治二十三年（一八九〇）四月二日のことであったと記している。事の順序で先に答えを書いてしまったようなことにはなったが、それにしても大切なのは、なぜその時期に橿原神宮はそこに鎮座したのか、あるいは鎮座しなくてはならなかったのかということである。それは本書後半でおいおい明らかにしていきたい。

第一章 三カ所の神武天皇陵

奈良盆地、大和三山を望む

歴史上の人物として実在が確認できないにもかかわらず、その墓とされるものは確かに存在するのが神武天皇である。しかし、その墓とされる神武天皇陵は、古くから明らかなものとして確定していたのではない。その所在地については古くから諸説があった。すなわち、元禄の修陵で江戸幕府が認めた「塚山」、その付近にあって古くから伝承があり朝廷が関心を示していたと思われる「神武田」、さらに本居宣長・蒲生君平《がもうくんぺい》らが唱えた「加志《かし》」（あるいは「御陵山」ともいう）の三ヵ所である。

1　元禄の修陵

元禄の修陵

元禄の修陵とは、江戸時代中期の元禄年間（一六八八〜一七〇四）に幕府が行なった修陵事業である。これについては『徳川実紀』「常憲院殿（徳川綱吉）御実紀巻三十九」元禄十二年（一六九九）四月二十九日条[1]に記述があり、同月には修陵は完成したという。とはいえ神武天皇陵については「神武天皇大和国高市郡畝傍山の東北」とあるだけでそれ以上のことは『徳川実紀』の同日条には記されていない。以下元禄の修陵における神武天皇陵をめぐる動向をみることにするが、その経緯は案外複雑である。

元禄の修陵がどのように始まったのかについては、おおむね次のように説明される。つまり、大和郡山にあった細井知名《ともな》（芝山《しざん》）（明暦二年〔一六五六〕～元禄十年〔一六九七〕）は、かねてより天皇陵の修理の実現を期していて、その弟で柳沢吉保《よしやす》に仕えていた細井知慎《ともちか》（広沢《こうたく》）（万治元年〔明暦四、一六五八〕～享保二十年〔一七三五〕）にその旨を伝えていた。細井知慎はこれを柳沢吉保に伝えていたが、元禄十年（一六九七）夏に将軍徳川綱吉が柳沢吉保からそのことを聞き綱吉がこれを許したことに元禄の修陵は始まる、というのである。[2]

四条村の「塚山」

それではこの元禄の修陵では、神武天皇陵についてはどのような動向があったのであろうか。その際の記録[3]によれば、元禄十年（一六九七）九月十六日には、修陵事業のための取り調べとして、奈良奉行所の役人による「四条村」と「四条村之内小泉堂《こせどう》村」の村役人への取り調べがあり、対応した庄屋・年寄からは「字塚山」が「神武天皇御廟」と申し伝えられている旨の返答があった。これによって四条村の「塚山」が神武天皇陵とされることになったのである。そして同じ記録から当時の「字塚山」の姿についてみると、「字塚山」は「頂上」とその下の「台平山」（あるいは「台山」）から成っており、その廻りには瑞籬《みずがき》や池はなく全体としては「芝山」であり、無年貢地（年貢がかからない地）である、という。

右にみた「廟」と「陵」をめぐる遣り取りについてみると、その違いにはさまざまな考え方があると思われるが、一般的にみれば「廟」は遺骸は葬られていないがその人のための祭祀がなされる場所、「陵」はその天皇の遺骸が葬られている場所ということになろう。もちろんこの両者はしばしば混用されることもあるが、問われて「廟」と答えたにもかかわらず、その地がその後「陵」とされたことは注目するべきであると思われる。このことについては、第三章2で再び取り上げる。

山本村の「神武田」

元禄期の天皇陵に関する文献としては、松下見林著『前王廟陵記』(元禄九年〔一六九六〕自序、同十一年刊、以下の『前王廟陵記』からの引用は、安永七年〔一七七八〕五月刊の版本〔平安書林〕による。著者所蔵)もよく知られている。松下見林(寛永十四年〔一六三七〕~元禄十六年〔一七〇三〕)は医を学び京都で開業していたが、延宝年間(一六七三~八一)に京都所司代戸田越前守忠昌《ただまさ》に認められ、朝廷に法印の位を授かるように上奏が許られたが見林は固辞した。五十歳を過ぎて讃岐高松藩に召されつつも京にあってその研究・出版について同藩からの援助を受けた。『前王廟陵記』はこの頃の神武天皇陵について次のように記す。

神武天皇陵は百年ほど前から壊されて「糞田」となり、「民」はその田を「神武田」と呼ぶ。「暴《ぼう》汚《お》」(ひどく汚されていること)の仕業であり、「痛哭《つうこく》」(激しく泣くこと)するべきである。数畝の他は高く盛られているが、「農夫」はこれに登っても平然としている。これを見るとぞっとする。

そして松下見林は神武天皇の功績を最大限に讃えるとともに、「わが国の人びとは(神武天皇を)尊び信仰する（「尊信」）べきである。（このような神武天皇陵のあり様をみると、）ついに末世（「澆季《ぎょうき》」）が到来したのである。何とも哀しい」と述べる。

　ここでまず留意しておかなくてはならないのは、当然のことながらここにみえる「神武田」は、すでにみた四条村の「字塚山」とは異なる場所だということである。「神武田」は同じ高市郡の山本村に存する。つまり、ここには二ヵ所の神武天皇陵あるいはそれに類するものがあることになる。

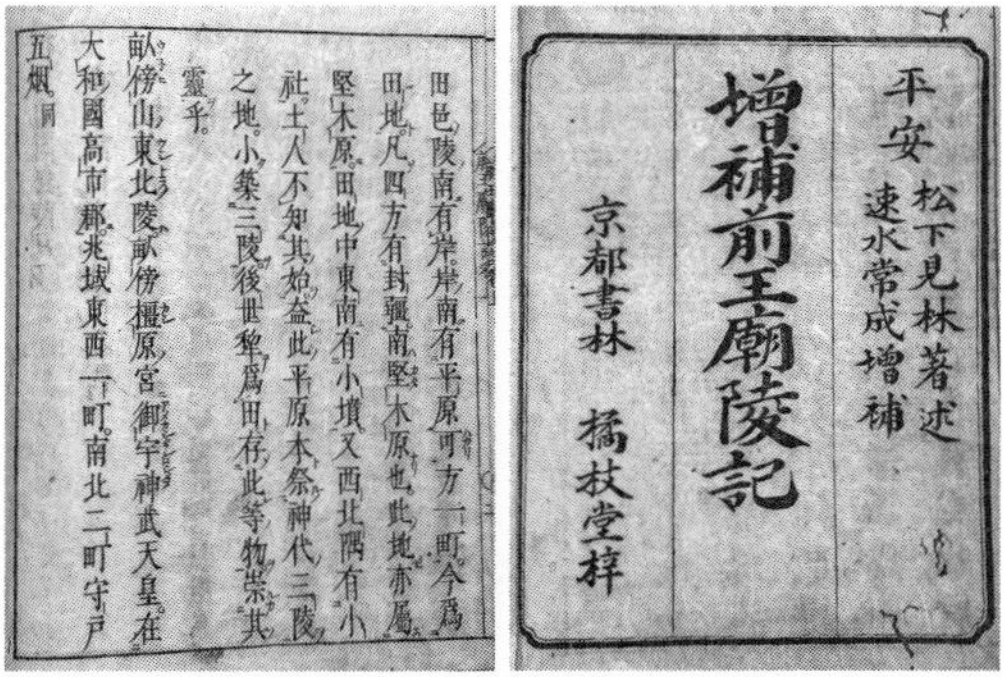

増補前王廟陵記
平安　松下見林著述
速水常成増補
京都書林　橘枝堂梓

田邑陵南有岸岸南有平原可方一町今爲
田地凡四方有封疆南堅木原也此地赤屬
堅木原田地中東南有小墳又西北隅有小
社土人不知其始益此平原本祭神代三陵
之地小菓三陵後世犂爲田存此等物祟其
靈乎
畝傍山東北陵畝傍橿原宮御宇神武天皇在
大和國高市郡兆域東西一町南北二町守戸
五烟

松下見林著『前王廟陵記』（著者所蔵）

　それにしても、ここにみえる「神武田」のあり様には全く驚かされる。松下見林による「糞田」「暴汚」そして「痛哭」といった印象の強い言葉を用いた「神武田」の実態の描写は、今日の我われにも強烈な印象を与えずにはおかない。しかし、これこそが元禄の修陵以前の山本村の「神武田」の現実の姿であったのである。

　ここで「神武田」との地名の読み方についてみておく。例えば、『諸陵《しょりょう》周垣《しゅうえん》成就記《じょうじゅき》』では「じぶの田」、秋里籬島《りとう》撰『大和名所図会五』では「神武田《じんむた》」、川路聖謨《としあきら》著『寧府紀事』では「神武《シンム》田」、谷森善臣著『藺笠のしづく』では「神武《ジム》田《タ》」と一定しない。これでは統一した読み方を決める訳にもいかない。もっとも、ここでみておかなくてはならないのはそのようなことではない。松下見林は、「神武田」との地名を例えば検地帳に記されるような公的な地名として記しているのではなく、「神武田」と呼ぶのは「民」である、と述べているのである。これをどのように説明したら良いのか迷うところであるが、これについては、第二章1で再び触れることになる。「神武田」とはいったい何なのであろうか。

「じぶの田」

右にみた細井知慎著『諸陵周垣成就記』[4]の「じぶの田」についての記述をみよう。その「叙言」で知慎は、同僚が大和国の旧跡を巡った際のことや神武天皇陵についてのこと、亡くなってしまった兄知名を夢にみたことの回想を以下のように記している。そしてそこには神武天皇陵なり「神武田」（ここでは「じぶの田」）に関する興味深い記述もみられる。まずその前段である。

今年（元禄十二年〔一六九九〕）、大和国「宇多」（宇陀）の人津田某が同僚となった。九月二十七日にその人のもとに出掛けた際に、（その人は、）「おととし帝陵の調べがあり自分（その人）もその役を勤め、大和路の旧跡を総て巡った。神武天皇陵は畝傍山の東北にある。田の中のことまで知る人はいない。その地の「人」は、（これを）「じぶの田」と呼ぶ。「神武（じんむ）」の音が転じた誤りである。京都所司代（「京兆の尹」）の命を受けて土を積み垣を作って、「人民」は近づくことができない。他の陵墓も皆このようである。まことに素晴らしい御代にふさわしい政治が多い中でも、このことは「唐土」（中国）にまでも知れ渡るめでたい事だ」といった。[5]

ここに「田の中のことまで知る人はいない」とあるのは、「じぶの田」に誰がどのように埋葬されているかを知っている（地元の）人（びと）はいない、との意と思われる。

ここにみえる「じぶの田」は、明らかに『前王廟陵記』にみえる「神武田」である。「津田某」はその「じぶの田」を「神武《じんむ》」の音の転訛による誤りと捉えることによって「じぶの田」なり「神武田」なりが神武天皇陵であると知慎に述べたのである。

そればかりではない。何とこの「じぶの田」が、京都所司代によって「垣」が作られて「人民」の接近が禁じられた、というのである。右の引用ではこれがあたかも神武天皇陵とされたかのように書かれてはいるが、神武天皇陵としてはもちろん四条村の「塚山」が別に存するのである。さらにいえば、「その地の「人」は、（これ〔神武天皇陵〕を）「じぶの田」と呼ぶ」というのは、右にみた『前王廟陵記』の「神武田」との記述と一致する。つまり、この「じぶの田」は字とされているのではなく「その地の「人」」によってそのように呼ばれている、というのである。かくてここに神武天皇陵ならびにそれに準ずるものとして、奈良奉行所による村役人への取り調べによって神武天皇陵とされた四条村の「塚山」と京都所司代によって整備された「じぶの田」（あるいは「神武田」）の二ヵ所が併存することになったのである。何とも奇妙な恰好である。

続く部分を『諸陵周垣成就記』から引く。

（この話を聞いて、）自分には心の中で思うことがある。しかし言い出すようなことでもないので、もっともなことだと言って（その人との話は）終わった。[6]

知慎はこう述べてから、次の話題に入る。知慎が「自分には心の中で思うことがある」といったその内容はどのようなことであったのであろうか。これまでの部分が「じぶの田」の神武天皇陵に準ずる場所として相応しい整備が実現されるための政治的な過程や整備の物理的な条件、あるいは「唐土」(中国)においてなされるであろう評価といった、いわば外面的な事柄についての言及であったとすれば、以下の部分はどのような事柄に焦点を当てることになるのであろうか。再び『諸陵周垣成就記』から引用する。

こうして日の出も近くなった頃、夢に自分が馬に乗って大きな路を行くと、向うから兄(細井知名)を見た。馬から下りて近付くと、年は三十に満たない位であり姿は(何やら)嬉しそうに笑っていたが、たちまち見えなくなった。(まさに)夢を見ている気持ちで悲しくもあったが、またしばらくするとある家の中に南向きの障子をあけて座っていた。前のように嬉しそうに何気なく(何か)言った。自分が(その)近くにいて思うには、もうこの世にはいない人を目の当たりにするのは嬉しいことである。あれというううちに消えてしまうのかと見守っていると、自分の右の方に人がいてその人が進んで返事をしてがやがやとするうちにほっとしていると、消えてしまったようである。(兄を)夢に見る事は多かったが、このように端正で美しくて嬉しそうな(兄の)姿は見たことがなかった。確かにこれは昨日の暮に「帝陵」のことなどを話していたのを喜んでいるのだと思うと、なつかしいとも心の慰めようもないことでもある。[7]

知慎は兄の知名を夢に見たことを綴る。この『諸陵周垣成就記』の「叙言」は、元禄十二年（一六九九）九月二十八日に「江戸浅草の郷如意菴」で著されたということであるから、細井知名はすでにその二年前に四十二歳で亡くなっていたのであるが、夢にあらわれた兄知名は何と「年は三十に満たない位」の若さなのであった。

その亡くなった兄を嬉しがらせた「帝陵」の話とは、当然、京都所司代による「じぶの田」の神武天皇陵たるに相応しい整備のことであろう。このような人間の内面に触れる記述は、天皇陵をめぐる史料にあっては至って少なく、まことに貴重と思われる。

それにしても、京都所司代はどのような理由あるいは口実によって「じぶの田」（あるいは「神武田」）の整備を行なったのであろうか。何しろ幕府にとってみれば（もちろん京都所司代にとっても）、何と二ヵ所目の神武天皇陵である。いかにも朝廷の関与があったのではないかとも思われるところであるが、それを裏付ける史料には恵まれない。

このように元禄期には、四条村の「塚山」が神武天皇陵とされるとともに、山本村の「神武田」（「じぶの田」）も神武天皇陵たるに相応しく整備されたのであった。二ヵ所の神武天皇陵とは何とも合理的に説明するのが難しいところであるが、神武天皇陵をめぐるこのような構図は、その後も長く続いたのである。

2　本居宣長と蒲生君平の説

『菅笠日記』

本居宣長は近世を代表する国学者で、享保十五年（一七三〇）に生まれ、享和元年（一八〇一）に没した。宣長はその著作で神武天皇陵の所在地について四条村の「塚山」でも山本村の「神武田」でもない説を唱えたが、その説は、近世における神武天皇陵をめぐる動向に極めて大きな影響を与えた。

　神武天皇陵について言及した宣長の著作はいくつかあるが、まず『菅笠日記《すががさにっき》』からみる。『菅笠日記』は明和九年（一七七二）三月五日から十四日にかけてなされた吉野山の花見の際の日記で、寛政七年（一七九五）の刊である。次に引くのは、その「下の巻」の三月十二日条である。

> 四条村の一町（約〇・一キロメートル）ばかり東、うねび山より五～六町（約〇・五～〇・七キロメートル）も離れた東北にあたる田の中に、松一本と桜一本が生えている僅か三～四尺（約〇・九～一・二メートル）の高さの小さい塚があるのを、神武天皇の御陵と申し伝えている。しかしこれはもちろん陵とはみられない。またその御陵（について）は、『古事記』には畝火山北方の「かしの尾上」（「畝火山《ノ》北方《ノ》白檮《カシノ》尾上」）とあるのを、ここ（「小さい塚」）は畝火山を離れて（いて）そのような所でもない。[8]

ここで本居宣長は、四条村の「塚山」と山本村の「神武田」のどちらについて述べているのであろうか。どちらとも断定することはできないのではないか。しかしそのいずれだとしても、宣長はこれを神武天皇陵ではないというのである。そしてその根拠として、『古事記』には神武天皇陵について「畝火山の北方のかしの尾上」とあるのだからそこは「尾（根）の上」でなくてはならないのに、（「塚山」にせよ「神武田」にせよ）畝火山からは離れていてそのような地形ではない、という。

これに続く部分でも本居宣長の議論は続き、当時綏靖《すいぜい》天皇陵とされていた畝火山の西北の「すゐぜい塚」（スイセン塚古墳、奈良県橿原市慈明寺町）を神武天皇陵とする説を述べる。

ただし、『日本書紀』にも『延喜式』にも神武天皇陵について「畝傍山東北陵」とあり『古事記』にも「畝火山北方」とあるのに、実際には「すゐぜい塚」が畝傍山の西北にあることをめぐっては、『日本書紀』が安寧天皇陵について「畝傍山南陰井上《ほどいのうえ》陵」（以上、傍点引用者）とするにもかかわらず同陵が実際には畝傍山の西にあることを引き合いに出して、（神武天皇陵について必ずしも『日本書紀』に「東北」とあることに）「拘《こだわ》らなければならないことでもないのではないか」[9]という。

本居宣長（鈴屋遺蹟保存会所蔵）

『古事記伝』

『古事記伝』はその標題の通り『古事記』の注釈書であ

り、四十四巻附巻一に及ぶ本居宣長の畢生《ひっせい》の大業である。以下に引用するのは「二十之巻白檮原宮下巻」であるが、同巻は遂に本居宣長の生前には刊行されず、享和元年（一八〇一）九月の本居宣長の逝去から二十一年を経た文政五年（一八二二）になって弟子により刊行された。

本居宣長は、『古事記伝』の「二十之巻」「白檮原宮下巻」で神武天皇陵について次のように述べる。

> （『古事記』に神武天皇陵について）「白檮尾上」とあるのは、「かしのを《（お）》のうへ」と読む。（略）「尾」は鳥獣の尾と同じく山のすその長く引き延びた所をいう。（略）「白檮尾《カシノヲ》」とは畝火山の北面の尾で、「白檮樹《カシノキ》」が多くあるのでこういう。「上」は「上《カミ》」のことをいう場合と「辺《ホトリ》」のことをいう場合とあるが、（略）この場合は「上《カミ》」のことをいう。[10]

宣長が示すこの説によれば、神武天皇陵は「白檮《かし》」が生えている畝火山の尾の上にあることになる。従って宣長は、神武天皇陵について次のような説を主張する。

> この御陵（神武天皇陵）（の所在地）は今ではわからない。ただし綏靖天皇の御陵と申し伝えている〔里の人びとは「主膳冢《しゅぜんづか》」という。綏靖を訛ったのであろう。また「綏靖冢《すいぜいづか》」（スイセン塚古墳）ともいう〕。（この「主膳冢」なり綏靖冢は、）綏靖（天皇陵）ではなく神武天皇陵である。それは、山本村の西の慈明寺村の南に連なった高い所にあり、畝火山の西北方の岡の上で、まさしく

（『古事記』にみえる）「尾の上」というような「地形」である。[11]

そして宣長は、本章1でみた松下見林著『前王廟陵記』が記す山本村の「神武田」や『大和志』が述べる四条村の「塚山」について、その地形が『古事記』のいう「白檮《カシ》ノ尾上」に当たらないことを根拠に神武天皇陵ではないとする。[12]

『玉勝間』

『玉勝間《たまかつま》』は晩年を迎えた本居宣長が、極めて幅広い題材についての事柄を自らの学問の集大成として著した随筆である。六十四歳の時に起筆し、享和元年（一八〇一）に七十二歳で亡くなるまで執筆を続け、寛政七年（一七九五）六月から文化九年（一八一二）正月にかけて刊行された。その「三の巻」に「神武天皇の御陵」がある。

今神武天皇陵とされている所（四条村の「塚山」）ではなく、実は綏靖天皇陵とされている所（スイセン塚古墳）が（真の）神武天皇陵であろうと自分（本居宣長）は考え、かねて『吉野の日記』（『菅笠日記』）にそう書いたが、その後この四〜五年前に大和国の人竹口英《(栄)》斎という人が語るには、「今綏靖天皇陵とされているのはやはり（真の）綏靖天皇陵であろう。神武天皇の御陵は自分（竹口栄斎）が確かに探し出した。『日本書紀』の記載に方角もよく合う。それは畝火山の東北の麓に「天皇宮」という「祠《ホコラ》」がある山である。そこに字を「加志《カシ》」という所があり、『古事記』にある「かしの尾上《ノ》」との名が残ったのであろう。山本村の神八井《かんやい》耳命《みみのみこと》の御墓山よりは東、小泉堂《コセダウ》村よりは南、大久保村よりは西の「保良《ほら》」（洞）村の辺りである。その近くの田地の字《タドコロ》に「神武田《ジブテイ》」「みさんざい」等という所もある」といい、総じてこの畝火山の近くの御陵やその辺りのことをよく考えて書いた図も見せた。「同じ国の内で特に近い所なのでしばしば行って見て考えて定めた」と語った。これを聞いたり見たりすると、自分の先の考え（スイセン塚を神武天皇陵とすること）はやはり当たらない。この人（竹口栄斎）のいう所が（真の）神武天皇陵と思われる。[13]

ここに宣長は大和国の人竹口栄斎の言を容れて、字「加志《カシ》」を神武天皇陵とする説に同調することになったのである。なおここで「「保良」（洞）村」に「ほら」とふりかなをつけたが、「ほうら」とする場合もある。しかし本書では、第三章1でみる『書付』に「洞村《ホラ》」（一〇二ページ）とふりかながあること等による。

宣長と竹口栄斎

この竹口栄斎はどのような人物なのであろうか。

竹口栄斎は、英斎ともいい、また、津久井尚重ともいう。生年は不明だが、没年は寛政十年（一七九八）と判明しており、祖先は代々南朝に仕えその後大和国芝村藩主織田家に仕えた。栄斎は寛政九年（一七九七）前後には隠居して大神《おおみわ》神社（奈良県桜井市）の傍に住んだが、この間、明和四年（一七六七）から天明三年（一七八三）頃までの一定期間は京都に在住した。その著『陵墓志』は未完に終

畝傍山と3ヵ所の
〈神武天皇陵〉
①塚山
「元禄の修陵」で神武天皇陵とされる。現在は綏靖天皇陵。
②神武田
「文久の修陵」で神武天皇陵となり、現在に至る。畝傍山東北陵。
③現在のスイセン塚古墳。本居宣長が『菅笠日記』で神武天皇陵としたが、後に④に訂正。
④丸山または加志
竹口栄斎、本居宣長、蒲生君平らが神武天皇陵とする。
165
近鉄橿原線
大和高田バイパス
24
国源寺
坊城駅
畝傍山
199
畝傍御陵前駅
曽我川
近鉄南大阪線
安寧天皇陵
橿原神宮
橿原市
深田池
橿原神宮西口駅
0
500m
1km
橿原神宮前駅
橿原神宮前駅

上右・現在の綏靖天皇陵。地図の①
上左・現在の神武天皇陵の鳥居。地図の②
左・現在の橿原神宮

わったが、天皇のみならず皇后・皇子・皇女等をも含めた陵墓の研究書として知られている。[14]『玉勝間』は右の引用に続く部分で、その『陵墓志』について「わずかに書き出したものを（栄斎が宣長に）見せたのは、自分（宣長）も常に深く思っていた方面のことなので、とても嬉しくて、必ず完成して欲しいと、何遍も勧めておいたがどうなったのであろうか。その後のことは知らない」[15]というが、『陵墓志』の完成に寄せる宣長の期待の大きさがよく窺える一節である。

そして竹口栄斎は、寛政四年（一七九二）閏二月四日と同八年四月二十日には津島神社（愛知県津島市）祠官の真野氏亭にて『神武紀』を講義している。[16]このことは、本書の視点から大いに注目されよう。

また、宣長が神武天皇陵「すゐぜい塚」（スイセン塚古墳）説から「加志《カシ》」説に転じた契機となった栄斎との面会がいつであったのかについては、右の『玉勝間』の引用に「その後この四〜五年前」とある以上には詳細にし得ない。

ここで、竹口栄斎著『陵墓志』から神武天皇陵についての記述をみることにしよう。次の通りである。

自分（栄斎）は再び（神武天皇陵を探しに）行って尋ね求めると、山本村領の「保良」という所に段々に築いた岡がある。これは畝傍山の北の尾崎でその形は南北と長く馬鬣《ばりょう》（馬のたてがみ）の形で字を「カシフ」（引用註、後の書き込みに「尋ねるべし」とある。要調査との意か）という。その傍らに小祠がある。「天王」あるいは「ゴレウ」という。また「秀水《シミヅ》」（引用註、「清水」の意か）がある。「若井《ワカ》」また「アカ井」という。考えてみると（以下『　』内は抹消[17]）『「カシフ」とは『古事記』にいう「白檮尾」の略で「檮尾」が転じたものである。』小祠が「天王」というのは天皇、「ゴレウ」とは御陵であろう。[18]

ここに、竹口栄斎は自ら現地を訪れて行なった地形・地名についての緻密な検証に基づいて、「字カシフ」（つまり宣長が『玉勝間』でいう字「加志《カシ》」）を神武天皇陵とするに至った様子が明らかである。『陵墓志』についてさらにいえば、『陵墓志』は、そこで取り上げた陵墓を「的当《てきとう》（相応しいこと。適当）之分」と「未《み》考得《こうとく》（考えつかない）之分」に分類している。「的当之分」はその陵墓の所在地が正しいと思われること、「未考得之分」はその陵墓の所在地が誤っているか不明と思われることを示す。栄斎は『陵墓志』執筆の時点において神武天皇陵を「未考得之分」に分類していたのであるが、このことは、その当時幕府が神武天皇陵として管理していた四条村の「塚山」もまたそれに準じるとされた山本村の「神武田」も、栄斎は神武天皇陵として考えていなかったことを示している。つまり栄斎は自らの研究のみを拠り所として洞村の「字加志《カシ》」あるいは「字カシフ」を神武天皇陵として宣長に説明し、『陵墓志』を著したのである。

『山陵志』

ここでもう一人、陵墓の調査に尽力したことで知られる人物を取り上げよう。

蒲生君平《がもうくんぺい》（明和五年〔一七六八〕～文化十年〔一八一三〕）は下野国（栃木県）宇都宮の灯油商福田屋に生まれ、幼い頃より学業に励み自ら蒲生氏を名乗り、殊に天皇陵に関心を示してその現地を訪れ多くの学者と交際を深め、林子平や高山彦九郎とならぶいわゆる寛政の三奇人に数えられる優れた学者である。その『山陵志』（文化五年〔一八〇八〕刊）は近世を通じて最も著名な天皇陵研究書として知られている。そしてその研究法は、関連の文献の博捜に加えて自ら現地に赴いて行なった調査による知見をも重んじるものであった。

天皇陵研究で世に知られた君平であったが、その関心は天皇陵のみにとどまるものではなく、国の機構全般に及んだ。『山陵志』の版本の内題には、「山陵志／九志二／九志 神祇志 山陵志 姓族志 職官志 服章志 礼儀志 民志 刑志 兵志」とある。このことは、君平が『山陵志』のみを著して満足していたのではなく、他の「神祇志」「姓族志」「職官志」「服章志」「礼儀志」「民志」「刑志」「兵志」をも著そうとしていたことを、よく示すものである。そうであれば君平の天皇陵研究についてみても、天皇陵についての研究のみを進めるというよりは、天皇陵を国家の中に正しく位置付けることを最終的な目標としていたと思われる。しかし右にみたとおり、君平は灯油商の生まれであり祖先が蒲生氏の流れと聞かされて発憤したとはいっても[19]、その後取り立てられて武士の身分を得ることはなかったのであれば、君平が没頭した天皇陵研究はその学問の中にのみあったということができる。

さて、蒲生君平は神武天皇陵についてはどのように考えたのであろうか。『山陵志』からみることにする。ただし『山陵志』における神武天皇陵についての記述は長大であり、以下の『山陵志』からの引用は、本書における後の部分でみる神武天皇陵の所在地をめぐる議論において取り上げられる箇所を中心としたものである。

神武天皇陵は畝傍山の東北嵎《すみ》にあり「白檮尾上《カシヲノ》」（『古事記』）といい、（略）（そこは）畝傍山東北の嵎に呼んで「御陵山」といい、「墳然と隆起」している。『大和志』はこれを神八井（耳）命（神武天皇の皇子。第二代綏靖天皇の兄）の墳とする。神八井が畝傍山の北に葬られたことは史書（『日本書紀』）にあるが、すでに山の嵎の平地というだけでどこかわからない。むやみにここを神八井の墓かとするが、人臣であるのに（その墓を）なぜ陵と伝えるのか。今御陵というのは、土地の人（「土人」）の言い伝え（「口碑」）をそのまま偽らなかったのである。[20]

蒲生君平は、畝傍山の東北の隅にある「御陵山」を神武天皇陵と考えたのである。この「御陵山」とは、すでに右にみた本居宣長や竹口栄斎がいう「かし（「加志」）」「字カシフ」のことと考えられる。いずれにしても君平は、畝傍山の東北に神武天皇陵を見出したのである。また、君平にとって

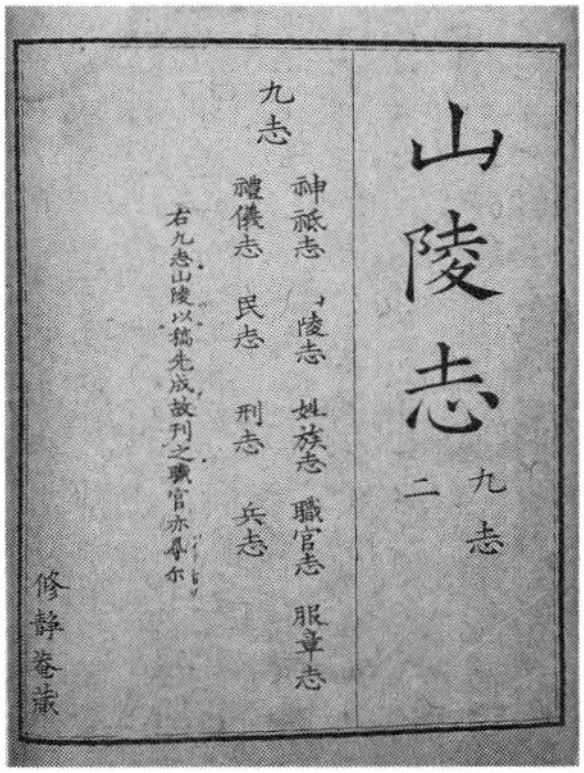

蒲生君平著『山陵志』（著者所蔵）

蒲生君平

『大和志』による「御陵山」神八井墓説の否定は、それ自体が目的であったというよりは、むしろ「御陵山」神武天皇陵説を成り立たせるための手順であったのであろう。

『山陵志』が神武天皇陵を取り上げたのは、右の引用部分ばかりではない。以下さらに君平の議論をみる。

まず、「神武田」についての君平の見解である。

・『前王廟陵記』は「畝火山東北陵は百年前から耕作され「糞田」となり「神武田《シムタ》」という。なお数畝を残し境界が設けられた冢となっている」と記す。今そこを訪ねると確かに「神武田」との場所はある。しかしこれは平地であり畝傍山の嵎から東北に約三町（約〇・三キロメートル）隔たっていて「尾上」との名に合わない。しかもこの数畝を残して境界が設けられた冢は「神武田」ではない。「神武田」を距ててまた東北へ三町の所に「古墳」があるが、これを指すのか。（略）その「古墳」はその頃陪葬した所で神八井の類の墓かも知れないが、決して神武天皇陵ではない。

・「神武田」は「ミサンサイ」ともいい「ミササキ」が訛ったもので山陵をいう。山陵と「廟」は俗に混用される。今「神武田」を「ミササキ」と言うのはかつて「廟」があったからであろう。伝えるには、かつて神武天皇を祀る「祠廟」が「神武田」にあり、ある年大水で「廟」が流されて後に（「祠廟」を）大窪村に遷した。大窪寺の趾は国源寺にある。また国源寺も、かつて「神武田」の傍らからそこに遷したという。[21]

前段の『前王廟陵記』からの引用はすでに本章1でみた。これについて君平は、やはり地形の問題として論じている。しかしここで最も興味深いのは、「神武田」を神武天皇を祀る「祠廟」としたことである。ここにいう「祠廟」とは神武天皇の霊を祀る廟のことであり、その遺骸を納める陵とは異なるものである。従って、当然「御陵山」を神武天皇陵とする君平の考え方と整合性があり矛盾することはない。また、後段にみえる「陵」と「廟」の問題はすでに本章1でみたところであり議論も多岐に及ぶところであろうが、遺骸が納められていない場所を「廟」として祭祀がなされるのはもちろんあり得ることである。また、「「神武田」は「ミサンサイ」ともいい」として、「ミサンサイ」との名称を示したことには注目するべきである。『山陵志』の原文では、「美贊佐伊《みさんさい》」と表記されている。本書もこれ以降文脈に応じて「神武田」（ミサンサイ）とも表記することにするが、これまでみてきたように、また後にも述べるように、「神武田」と「ミサンサイ」は名称あるいは地名としてはそれぞれ別個の経緯を有するものであることはいうまでもない。君平は続ける。

・『多武峯記《とうのみね》』に、泰善法師が天延二年（九七四）三月十一日に畝傍の東北で一人の不思議な老人に遇った。泰善に、「「朕《ちん》」（天皇の自称）のために大乗法を講じ国家の栄福を禱《いの》れ。「朕」は人皇の始祖だ」と言うと見えなくなった。泰善はこの瑞祥《ずいしょう》（めでたいこと）により毎年三月十一日に来て法華を唱えた。それで貞元二年（九七七）に大和守藤原国光は堂宇を創り国源寺と名付けた、とある。

・それが偽りなのは仏僧のよくすることである（ことからもわかる）が、堂宇はこれによって創られたのであり神武天皇の「祠廟」も同寺にあったのであろう。つまり「神武田」の傍らを「塔垣《とうのかい》内《と》」ということを考えると、その頃に塔や廟を（そこに）建てたのであり、このことにより「ミササキ（「美佐佐岐」）」と称した、ということなのであろうか。[22]

ここに引かれた『多武峯記』の説話は第三章2でも引用することになるが、むしろ「神武田」を神武天皇陵とする議論の場合に参考にされやすい性格のものとも思われる。ここで右の引用についてさらに考えれば、「人皇の始祖」（神武天皇のことと思われる）があらわれた場所に寺院が創られたということについて、僧侶がしばしば行なう「偽り」と断じた後で、「国源寺」には（陵があったのではなく、神武天皇を祀るための）「祠廟」が建立されたと考えられ、そうであるならば、「神武田」の傍らに「塔垣内」との地名が残るのはその「国源寺」の塔の名残りなのであり、そのことによって「ミササキ（「美佐佐岐」）」（あるいは「ミサンサイ」）と称するようになったのか、ということなのではないか。ちなみに右の『多武峯記』の引用にみえる「三月十一日」とは、『日本書紀』が記す神武天皇が亡くなった月日である。

君平と竹口栄斎

さて、蒲生君平も竹口栄斎とは接点があった。君平が黒羽藩士鈴木武助（為蝶軒《いちょうけん》）に宛てた寛政十二年（一八〇〇）七月二十日付の「山陵荒廃の態を告げて之が修復に関する意見を述ふる書状」[23]で、君平は、自らの「同志」のひとりとして「竹田栄斎」(ロ)を挙げ、栄斎の先祖が南朝に仕えていたこと等について述べた後で、「今隠居して三輪神社(大神神社)の傍に住んでいる」とその近況について触れ、「和書」については博覧強記で「古事」に通じているとしつつ、元禄期に松下見林が著した『先王廟陵記』(前)に誤りが多いのでこれを補い、その他古昔の名臣の墳墓においてもその土地の名や田地の字等について探索して『陵墓志』を著したといい、これも永年取り組んできた学問のことだと心得て十年来思ってきたが、この度自分(君平)は進んで(栄斎に)同道し(あちらこちらを)尋ねた。(そうすると)不思議にも思いの外(のことに)思い当たるなどのことがあった、等とした。[24]

こうしてみると、蒲生君平が「御陵山」(栄斎や宣長のいう「字カシフ」「字加志《カシ》」)を神武天皇陵としたのも、先にみたように君平独自の研究の成果とするよりも、宣長や栄斎からの影響あるいは交流の中で生まれた結論とみた方がむしろ実態には近いと考えることもできるであろう。

宣長と君平

さて、本居宣長と蒲生君平との間の交流はどのようなものであったのか。

まず宣長と君平の面会ということでいえば、その一回目は、君平の第一回の西遊の途上の寛政八年(一七九六)十二月十一日に君平が松阪の宣長を訪れたことであり、二回目は、第二回の西遊の途上の寛政十二年(一八〇〇)二月三日から翌日にかけて宣長を訪れたことである。[25]

また君平が宣長に宛てた書簡に、(年欠)正月十四日「本居宣長に山陵志の序稿を送りて批評を求むる書」[26]もある。しかし右の二回の面会にしても宣長に宛てた書簡にしても、例えば神武天皇陵の所在地についての具体的な意見交換の詳細を知ることはできない。ここでは、そのような機会に神武天皇陵の所在地に関する事柄が話題にのぼった可能性があるということを指摘するに留めざるを得ない。

「異説」

つまり「塚山」と「神武田」（ミサンサイ）以外の新たな神武天皇陵を見出した順にいえば竹口栄斎・本居宣長・蒲生君平の三人は、「字カシフ」「字加志《カシ》」「御陵山」とそれぞれ名称は違っていても同一の場所を神武天皇陵とし、それぞれ自らの著作にそのように記したのである。何よりこの説は、「畝火山北方「白檮尾上」にある」と記す『古事記』や「畝傍山東北陵」と記す『日本書紀』の記述にもよく適う。栄斎による「字カシフ」、宣長による「字加志《カシ》」、君平による「御陵山」は、つまり、神武天皇陵の所在地についての三ヵ所目の説ということになる。そうしてみればこの説は、幕府によって神武天皇陵として管理された四条村の「塚山」やそれに準じるとされた山本村の「神武田」とは違って公（朝廷・幕府）の認めるところではなかったけれども、著名な学者の説としては充分な説得力があったと思われる。しかしこの説は、後年朝廷から宮内省に至る流れに属する学者から、「異説」として非難・攻撃の的とされることになる。

第二章

攘夷の気運と幕末動乱

現在の神武天皇陵（畝傍山東北陵）

1　徳川斉昭の建議

斉昭と神武天皇陵

本居宣長らの国学とならんで、幕末史に思想的影響を与えたのが水戸学である。なかでも尊皇家と知られる水戸藩主徳川斉昭《なりあき》の言動は、その後の神武天皇陵をめぐる動向の起点となった。

徳川斉昭（烈公）（寛政十二年〔一八〇〇〕～万延元年〔一八六〇〕）は、神武天皇陵の所在地としてどこを主張したのであろうか。それは、なんと幕府がそれとして管理する四条村の「塚山」でもなく、もとより竹口栄斎・本居宣長・蒲生君平がその著書で述べた洞村の「字カシフ」「字加志《カシ》」「御陵山」でもなく、第一章1でみた、すでに元禄の修陵の際に神武天皇陵に準じるものとされていた山本村の「神武田」であった。

徳川斉昭

斉昭は御三家水戸藩の九代藩主としてよく知られているが、その背景として記憶しておかなければならないのは斉昭の姻戚関係である。斉昭の正室は、天保二年（一八三一）に結婚した有栖川宮第六代織仁《おりひと》親王の第十二王女登美宮吉子《とみのみやよしこ》である。そして織仁親王の父職仁《よりひと》親王（有栖川宮第五代）の父は霊元天皇である。つまり、斉昭の正室吉子は霊元天皇の曽孫ということになる。またやはり織仁親王の第八王女楽宮喬子《さざのみやたかこ》は十二代将軍徳川家慶《いえよし》の正室であった。従って家慶と斉昭は義理の兄弟にあたる（図「徳川斉昭をめぐる系図」参照）。斉昭の言動について考える際には、背景としてこのような公武に及ぶ幅広い姻戚関係またそれに基づく人脈を考慮する必要がある。以降に述べる神武天皇あるいは神武天皇陵についての建議等の動向についても同様である。

さて、徳川斉昭は幕府に対して飢饉対策・蝦夷地開拓・海防強化等について建議を繰り返していたが、神武天皇あるいは神武天皇陵についても同様であった。次にみるのは、天保四年（一八三三）四月十日に藩主斉昭から藩校彰考館の総裁会沢正志斎（安）に宛てた書簡である。この書簡で斉昭は、神武天皇の何をどのように取り上げたのであろうか。以下、『水戸藩史料 別記上』（大正四年十一月、侯爵徳川家蔵版、昭和四十五年十二月に吉川弘文館より復刻）より引く。

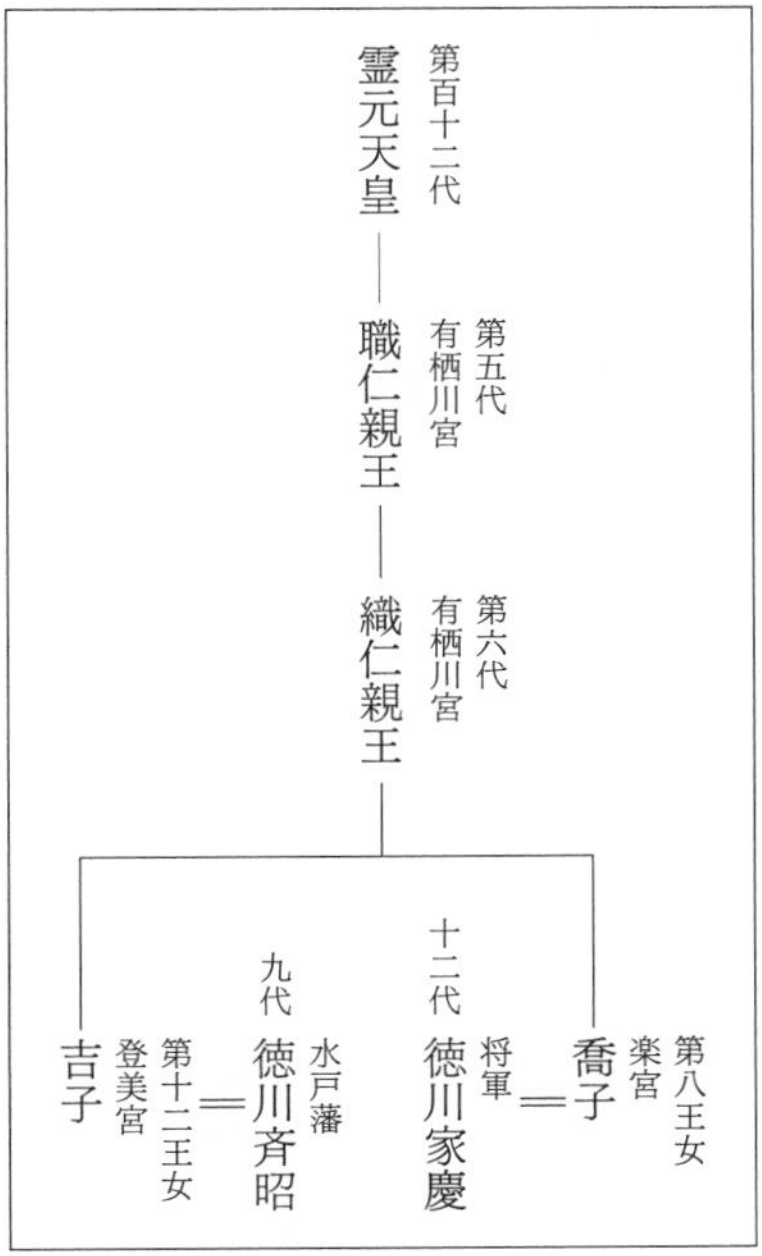

徳川斉昭をめぐる系図

（自分〔徳川斉昭〕が）幼少の頃から「神国の道」を好んでいたのは、（会沢）安も承知の通りである。長い間、「陵」のことと、「神武帝」の「御社」（神社）を取り立てることは心願であったが、「陵」のことは朝廷に関することなので早急に取り掛かることもできず良い機会を待つことにしている。[1]

神武天皇陵のことと神武天皇を祀る神社のことが、斉昭の「長い間」の関心事であった。斉昭の当初の発想としては、この二点が対になっていたのである。ただし、後段の「「陵」のこと」については、神武天皇陵のみを指すのかあるいは広く天皇陵一般を指すのかについては、ここでは明確にはできない。次をみよう。

ところが「御社」のことは、この国（常陸国）に（御社を）立てることに何の支障もないと思われる。例えば吉田明神に「倭健《やまとたける》」が腰かけた所があるなどという縁があればそこに「御社」が立つが、これなどは格別のことであって、「神武帝」がこの地（常陸国）に下ったことはないので右のようなことはないが、何か少しでも「縁」があれば特に申し立てになるけれども、縁がなくても「御社」を立ててよいのか。（それとも）朝廷へ申し立てなければ（「御社」を立てては）いけないのか。[2]

斉昭の想いはさらに膨らむ。

次には「天智帝」の「御社」を立てたいがこれはとても難しいと思うので、まず「神武帝」の「御社」のみを立てたい。しかしこのことをその筋等に相談したことはなく、自分（斉昭）ひとりの考えによって内々に（あなた〔会沢安〕に）意見を聞いている。[3]

ここに「吉田明神」とあるのは今日の茨城県水戸市宮内町に日本武尊《やまとたけるのみこと》を祭神として祀る吉田神社のことであり、同神社は式内社で常陸国三宮とされる。そこに神武天皇を勧請したいがどうか、と斉昭から会沢正志斎に尋ねたのがこの書簡の主旨である。これについて正志斎は、諸侯が天子を祀るのは非礼としてこれを斥けたが、それにしてもここにみられる斉昭が神武天皇に寄せる関心の強さには驚かされる。

斉昭の「建議」

次にみる書簡（「別紙」を含む）では、徳川斉昭の関心は専ら神武天皇陵に絞られている。それは、斉昭から老中大久保加賀守忠真《ただざね》に宛てた天保五年（一八三四）九月十三日の書簡とその「別紙」である。以下そのうち神武天皇陵に関する事柄についての要旨を掲げる。

〈書簡〉

・日本国中に将軍家の「御下知」（命令）を受けない者は一人もいないが、皆が「天朝」（朝廷）を

「御尊敬」することは鎌倉・室町等の頃とは違っており、そのため武運長久にて二百余年の太平を保っているのも偶然ではないと存じ奉る。そもそも神武天皇は「人皇第一」の「太祖」であり、「神国」に生まれた人は誰でも尊敬するべきである。

・「太祖」（神武天皇）の山陵は多年「荒廃」し、僅かにそれと伝える地も小高くなっているまでのことと承っている。「拙者」（自分〔斉昭〕）は「幼年」の頃から古書等を好みこのことを兼ねてより嘆かわしく思ってはいたが、「部屋住」（家督を相続していない間のこと）の頃はこのことを申し出ることも叶わなかった。（水戸家の）相続の後もその機会がなかったが、天下の大政を執る貴殿（老中大久保忠真）と懇意にしている上はとにかく相談したいと存ずる。[4]

ここに「「太祖」の山陵は多年「荒廃」し、僅かにそれと伝える地も小高くなっているまでのことと承っている」と、当時の神武天皇陵の様子が伝聞としてであれ記されているのは至って貴重である。ただし、これを幕府が神武天皇陵として管理する四条村の「塚山」とみることはできない。「塚山」が幕府の定める神武天皇陵としてそれに相応しく管理されている様子は、第三章1で取り上げることになる奈良奉行所与力中条良蔵による安政二年（一八五五）の観察によって明らかである。「多年「荒廃」し、僅かにそれと伝える地も小高くなっているまでのことと承っている」というのは、当然、山本村の「神武田」（ミサンサイ）のことである。斉昭はその状態を嘆いて、修理に向けての方策を練る。引用を続ける。

この度感応寺が建立されたのも将軍（十一代徳川家斉）の（世嗣《せいし》〔跡継ぎ〕家慶の）厄年（四十二歳）にも当たるのかあるいは武運長久の祈願のためかと推察するが、その上に「帝皇始祖」（神武天皇）の「御廟」を修すればますます「御至徳」が顕れ武運もいよいよ長久と存ずるので、何卒京都（朝廷）に仰せ出されて（神武天皇陵の）御修復がなされるように「至願《しがん》」（この上なく切実な願い）に堪えないと存じ奉る。「日光両山」などのこととは違い、「古制」をよく調べた上で修復になれば格別の入用にもならない。幕府が行なうのでは故障があるなら、「拙者」（斉昭）から願い出てはどうか。鹿島や領内の大社の御札を差し上げて厄年等の節にはその他にも伊勢で祈禱をすれば冥加となり、「太祖」の山陵が修復になれば「日本史」等の編纂をするのにもよく、面目がたつことこの上ない。[5]

さらに斉昭はこれに続けて「今年（天保五年〔一八三四〕）は「神武天皇元年」から二千四百九十四年であり、（六年後の）天保十一年（一八四〇）には二千五百年になる。今年は「西丸様」（将軍徳川家斉の世嗣家慶）の厄なのでそれにあわせて取り掛かり、二千五百年には御祭をして皇統の無窮・武運の長久の御祈願もすれば、まことに目出度い」とする。少なくともこの文脈でみる限り、「厄年」も「二千五百年」も神武天皇陵の修陵のための理由付けとされている。斉昭の決意の程が知られる。次に「別紙」をみる。

「先皇帝」の山陵（歴代の天皇陵）が「荒廃」しているのは御承知の通りであるが、中でも神武天皇はわが国の「太祖」と仰ぐところで畝傍山の陵地（神武天皇陵の敷地）は悉く「荒廃」し僅かに「土人」（土地の人びと）の申し伝えに残るのみで、「神慮《しんりょ》」（天皇の心）も測り難くまことに嘆かわしい[6]。

趣旨のわかりやすい神武天皇陵修復の建言である。要は、神武天皇陵を修復すれば幕府のためにもとても良いことであり、しかも間もなく「神武天皇元年」から二千五百年にもなり、今年は（将軍家斉の）世嗣家慶の厄年であるから良い機会である、というのである。またこの引用部分には、「畝傍山の陵地は悉く「荒廃」し僅かに「土人」の申し伝えに残るのみ」と神武天皇陵の「荒廃」の様子が述べられているが、これもやはり幕府が神武天皇陵として管理する四条村の「塚山」とみることはできない。山本村の「神武田」とみるべきである。しかしそうだとすれば、斉昭にとってはこの時点で神武天皇陵としての四条村の「塚山」はまるで眼中にないことになる。考えてみれば驚くべきことである。

老中への書簡

さて、この徳川斉昭による書簡については、まもなく老中大久保忠真から返書があった。天保五年（一八三四）十一月十日の書簡には、享保年中（一七一六〜三六）に「御門主」[7]の求めによる山城国伏見谷村の桓武天皇陵を保ち続けたいとの請願が斥けられたとの前例を根拠として、斉昭による神武天皇陵の修復についての建議は幕府に受け容れられないであろうとしていた[8]。これに対して斉昭は大久保忠真へ宛てて返信する。同月十七日の書簡とその「別紙」のうち、直接神武天皇陵に関連する部分を左に引く。

「太祖」の山陵（神武天皇陵）が「荒廃」しその上「祠廟」もないのでは、志のある者が追々嘆くことにもなろう。国学者等の著述には嘆く思いを公然と版行しこれが流布する場合も少なくない。長いうちにはその説も広まり万一宮中でも深く嘆く向きが出て、（このことについて幕府に）京都（朝廷）から申し立てられれば、その影響はどうなることか。[9]

神武天皇陵をこのまま放置すれば、国学者や宮中からの反応には宜しからぬ傾向のものが目立つようになるであろう、という。朝廷にも深い人脈を持つ斉昭の言であればこその説得力があったであろう。斉昭は続ける。

「畝傍山陵」（神武天皇陵）のことは、今ではどこなのか詳らかではないのに場所を定めているのも如何なものかと思うが、古図・旧記等をよく調べた上でなお朝廷（「九重」）の指図によって決定になれば異議もないであろう。それでも如何なものかということなら、一、二箇所（神武天皇）陵の伝え等があり疑わしい所へ一通りの囲いを作り「碑碣《ひけつ》」（石碑。またそれに刻した文章。「碑」は石碑の方形のもの、「碣」はその円柱形のもの）等で境界を表し、「神武田」の辺りに「宮廟」を創建されればとても喜ばしい。[10]

この時点において斉昭が神武天皇陵の所在地について具体的にどのように考えていたのか、あるいは神武天皇陵に関する情報をどのようにして得ていたのかについては詳らかにすることができない。しかし少なくとも斉昭は、このように「荒廃」した「太祖」の陵の現状をよく踏まえた上で、神武天皇陵をめぐる事柄が朝幕間の懸案となる可能性が充分にあると認識し、さらにそのような事態への当面の方策までをも述べているのである。

さて、右の書簡から興味深くまた疑問に思われる点を指摘したい。後段の引用の冒頭の「『畝傍山陵』(神武天皇陵)のことは、今ではどこなのか詳らかではないのに場所を定めているのも如何なものかと思う」との部分である。これは、いったいどこのことを指してこういっているのであろうか。もし、当時幕府が神武天皇陵として管理していた四条村の「塚山」のことをいっているのであれば、「塚山」を神武天皇陵として管理している幕府のことを揶揄《やゆ》してこういっているのであろうか。

そしてこの斉昭の建言は、老中大久保忠真の容れるところとならなかった。それでも徳川斉昭は、水戸藩単独での神武天皇陵の修陵の実行の可能性を追求しており、修陵の具体的な方針やそのために必要な石材の入手や運搬の費用についての相談の書簡を、藤田東湖(彪《たけき》)との間に交わしている。[11]しかし、天保十一年(一八四〇)十一月十九日の光格上皇の崩御に際会して、その議も止んだものと思われる。[12]

安政の大獄

ここで、神武天皇陵をめぐる動向を追う順序からすると少々先回りをすることになるが、徳川斉昭のその後について述べることにしたい。

徳川斉昭は、井伊直弼による安政の大獄で安政五年（一八五八）七月に失脚して以降幕政の表舞台から去るが、修陵への思いは持ち続けていた。

第四章1で述べる文久の修陵で山陵修補事業に携わることになる岡谷繁実《おかのやしげざね》（天保六年〔一八三五〕～大正九年〔一九二〇〕）は、その著書『続名将言行録』（明治四十四年五月、帝国青年教育会・文成社、『完本名将言行録第5巻　続名将言行録』〔二〇一六年二月、大空社〕として複刻）に「徳川斉昭」の項を設け、その間の事情を記している。それによると、館林藩士の家に生まれた岡谷繁実は若い頃水戸に遊学し、儒学者・青山延光の塾に学んでいた。そこに斉昭がかつて山陵の荒廃を憂慮し、幕府に修補を建言した際に描かせた荒廃した山陵の絵図があるのを聞き、借りて写して持ち帰った。安政五年（一八五八）のことである。この時斉昭は幕府の譴責を受けていて、到底何もできない時期であった。そこで斉昭は、宇都宮藩戸田家家老間瀬《まなせ》和三郎（後の戸田忠至《ただゆき》）と館林藩主秋元但馬守志朝《ゆきとも》に相談し、幕府に山陵の修補を請うた。二人は大いに喜んで時機を待ち、年を経て文久二年（一八六二）に宇都宮藩主戸田越前守忠恕《ただゆき》の名で幕府に修補の許しを請い許された。次いで志朝もまた（山陵修補を）請い許可を受け、大いに費用を献じて工費を助けた[13]、という。

文久の修陵がそのような経緯によって行なわれたのであれば、文久の修陵がなされたのには斉昭の遺志が反映されていることになる。『続名将言行録』はさらに次のように述べる。

これはすべて（徳川）斉昭の遺志から起こったことである。また、秋元志朝は毛利元就《もとなり》の十二代の子孫で、つねに（毛利）元就が正親町《おおぎまち》天皇の即位の費用を調達したことを欣慕《きんぼ》（喜び慕うこと）している。ここに至って（戸田）忠恕と志を合わせて山陵を修補した。経費は、金二十二万七千五百六十八両余という。[14]

つまり、安政の大獄下において尊皇攘夷を旗印とした山陵修補の推進に行き詰った徳川斉昭は、宇都宮藩戸田家の家老間瀬和三郎と館林藩主の秋元志朝に山陵修補事業の引き継ぎを持ち掛け、それが文久の修陵として実った、とするのである。これを岡谷繁実が自著に反映したのは、岡谷家が寛永年間（一六二四～四四）以来秋元氏に仕えており、岡谷繁実が安政四年（一八五七）に館林藩の大目付となりその後万延元年（一八六〇）に取次役に昇進し、さらに上京して正親町三条実愛《さねなる》に時事を奏聞する等したことに大きく与《あずか》っているのであろう。[15]

もっとも、安政の大獄下における徳川斉昭と宇都宮藩あるいは館林藩との関係については他に根拠となる史料に恵まれない。なお解明されるべき事柄である。

2　奈良奉行・川路聖謨の宣長批判

ここに至って、神武天皇陵をめぐる環境は錯綜を極めた。幕府が管理する四条村の「塚山」と山本村の「神武田」のどちらが正しい神武天皇陵なのか。あるいは、竹口栄斎・本居宣長・蒲生君平の唱えた畝傍山中の「字カシフ」「字加志《カシ》」また「御陵山」説も説得力があったように思われる。そして、いったい誰がどのようにしてこのうち一ヵ所を真の神武天皇陵と決めるのか。大いに注目されるところである。それにしても、現地を管轄する奈良奉行は神武天皇陵をめぐるこの動向にどのように対処したのか。以下、当時奈良奉行であった川路聖謨《かわじとしあきら》に注目して考えることにしたい。

佐渡での落涙

川路聖謨

川路聖謨（享和元年〔一八〇一〕～慶応四年〔一八六八〕）は奈良奉行をも務めた幕末期の幕府の能吏である。天保六年（一八三五）十一月に勘定吟味役、同十一年六月に佐渡奉行、同十二年六月に小普請奉行、同十四年十月に普請奉行となり、弘化三年（一八四六）正月に奈良奉行に就任し同三月には奈良に着任した。川路聖謨はそこで神武天皇陵に接することになるのであるが、天皇陵との接点ということでいえば、佐渡奉行であった頃に佐渡国雑太《さわた》郡真野村（新潟県佐渡市真野字林）の順徳天皇火葬塚を訪れたのがそのはじめである。神武天皇陵とは直接の関係はないが、まずはそこからみることにしよう。

火葬塚とは天皇の遺骸を火葬した場所をいう。順徳上皇は承久の乱（承久三年〈一二二一〉）により佐渡に流され、仁治三年（一二四二）九月十二日に崩御した。真野村で火葬され、そこに火葬塚が営まれた。遺骨はその後、やはり承久の乱によって隠岐に流された父後鳥羽上皇の遺骨とともに大原陵（京都市左京区）に納められている。

新潟県佐渡市にある順徳天皇火葬塚。写真提供・佐渡観光交流機構

川路聖謨は佐渡奉行在勤中にその順徳天皇火葬塚を訪れ、その日記である『島根のすさみ』の天保十二年（一八四一）三月十九日条にその際の記録を残している。それによれば順徳天皇の火葬塚は「除地《よけち》」（年貢を免除された土地）となっていて、広さは一町（約〇・一キロメートル）四方あるいはそれ以上もあり、何となく寂しい松林であった。その中に高さ三尺（約〇・九メートル）許《ばかり》に石垣で囲った所があり、真中に数百年の時を経たとみえる松と桜の若木がある。そして「下馬」と記してある年を経た杭が一本松林の中にあった。川路聖謨は順徳上皇の悲哀を感じ取ってその感慨を記す。

拝する者の誰が涙を落とさずにいられようか。畏れ多いことはいうまでもない。[16]

川路聖謨は日記にその日の業務関連の事柄を淡々《たんたん》と記すばかりでなく、右のように自らの興味・関心あるいは感情を吐露することがしばしばある。それは、離れて暮らす生母の無聊《ぶりょう》を慰めようと記した日記を生母のもとに送っていたことと大いに関係があろう。そしてそこからは、その時々の考えや感慨も窺うことができるのである。このことは以下に取り上げる『寧府紀事《ねいふ》』においても同様である。[17]

奈良奉行

川路聖謨は神武天皇陵についてどのように考えていたのであろうか。当時は四条村の「塚山」が幕府によって神武天皇陵とされていたことはすでにみた通りであるが、川路聖謨はこれに従ったのであろうか。それとも山本村の「神武田」（ミサンサイ）の方を神武天皇陵と考えたのであろうか。

これについてこれまでの研究では、聖謨は山本村の「神武田」（ミサンサイ）を神武天皇陵と考えていたとされてきた。例えば聖謨の孫の川路寛堂（太郎）は『川路聖謨之生涯　全』（明治三十六年十月、昭和四十五年九月に世界文庫より複刻）を著して、「後に戸田忠至が、「（自分が）まだ間瀬和三郎といっていた頃、よく聖謨を訪ねて、話が山陵のことになると二人で嘆いたものであったが、今日畝傍山御陵というのは、その頃聖謨が畏《かしこ》くも神武天皇の正しい陵地（「御正陵地」）と考えて定め（「考定」）た場所に定められたものである」（と言っていた）とかつて伝え聞いた（「伝承」した）ことなので、このことは聖謨の大きな名誉というべきことであった」[18]としている。

川田貞夫著『川路聖謨』（平成九年十月、吉川弘文館〔人物叢書〕）も川路聖謨による『神武御陵考』の示す神武天皇陵の所在地について、「要するに宣長の説（後にみる「丸山」〔あるいは「御陵山」〕説）を捨て、松下見林の字ミサンザイ（「神武田」のこと。「字ミサンサイ」については後述）説を採用するとともに、字塚山の地域も神武天皇陵に含まれるという内容である。ただし聖謨がこれに字塚山まで含めたのは、幕府を憚《はばか》って付記せざるを得なかったものと思われる」[19]とする通りである。しかしそれにしても「かつて伝え聞いたことなので」とか「字塚山まで含めた」とか「幕府を憚って」とか、何とも煮え切らない言い回しなのはいったいどういうことなのであろうか。

以下このような視点によりつつ関連史料を繙き、川路聖謨が神武天皇陵についてどのように考えていたかを探ることにしたい。

『寧府紀事』

それではまず、奈良奉行在勤中の日記『寧府紀事』を取り上げよう。川路聖謨は神武天皇陵に嘉永元年（一八四八）三月十六日に赴いたが、『寧府紀事』の同日条には次のようにある。まず前段である。

今井町近辺や「うねひ山」近辺は皆「古墳」（ここでは過去の貴人の墓の意）ばかりで、昔の「御陵」と思われるものも多いが（それについて）知っている人はいない。「神武の御陵」（に）は木の玉垣があるばかりで、「懿徳《いとく》帝（第四代懿徳天皇）の御陵」の如きに至っては、四方に小道があって「牛馬牽《ひき》通るへからす」との高札があるばかりである。[20]

これは、同年三月十二日に出立した吉野巡見の帰途の際の記述であるが、その際の今井町や畝傍山付近の人びとの「古墳」や「御陵」に対する関心について記すものである。著名な天皇陵密集地帯であるにもかかわらず、何と「知っている人はいない」という有様である。まさに貴重な記録というべきであるが、それと同時に奈良奉行の聖謨が、地域に暮らす人びとが天皇陵のことをどのように認識しているかについて関心を持っていることこそが、特筆に値することと思われる。続いて後段である。

「神武の御陵」に「玉垣」があるのを、土地の領主がしたことと思ったが、大坂の町人が奉納したものという。その町人の名は知らないが「こゝろ」(心)があることである。町人にさえこのように「こゝろ」ある者がある。この「御神」(神武天皇か)は「千万世の御祖」なので「伊勢」(伊勢神宮)「春日」(春日社)と同じで然るべきなのに、町人等の奉納した玉垣で済ませるというのはいかがなものか。[21]

ここでは神武天皇陵の「玉垣」について記されているが、それが領主などによるものではなく大坂の町人が奉納したものであることを「こゝろ」(心)の問題として捉えていることが、川路聖謨なりの視点である。聖謨はこれをさらに敷衍《ふえん》して、「千万世の御祖」の「御神」(神武天皇のことと思われる)を「伊勢」(伊勢神宮)「春日」(春日社)と同列に置く視点を示している。聖謨には、眼前の神武天皇陵の姿がいかにも貧相なものにみえたのであろう。なおここでいう「神武の御陵」は、すでに述べたように元禄の修陵で神武天皇陵とされ、当時幕府によってそして当然奈良奉行によっても神武天皇陵とされていた四条村の「塚山」である。このことは、大坂の町人が奉納した「玉垣」があることによってわかる。[22]

さて、右の記事の翌年の嘉永二年（一八四九）正月晦日条には次のようにある。

「神武帝」の御陵は「ウネヒ山」（畝傍山）の北にあると『日本書紀』『古事記』等にあるが、今の御陵は少々西（東）の方にずれているので色いろの論がある。「神武田《シンム》」といって今では田になっているという説まである。あまりのことなので調べてみると、今奉行所で神武の御陵としている所から二町（約〇・二キロメートル）ばかり「わき」に「塚山」があり、その辺りで木を伐るとたちまち罰があたる。その二町ばかりの間に「芝原」がある。そこは草を刈って牛馬に与えても忽ち何か（良くないこと）がある。「神武田」という田を起した者は忽ち「神罰」で血縁の者が悉く「死絶」し、人びとは恐れて今では荒地となったという。[23]（傍点引用者）

右の引用の冒頭に、「今の御陵は（『日本書紀』『古事記』の記述に較べて）少々西の方にずれている」（傍点引用者）というのは、「今の御陵」を当時幕府が神武天皇陵としていた四条村の「塚山」とみても山本村の「神武田」とみても、実際の地理に照らして「東の方」（傍点引用者）の誤りである。また、「今奉行所で神武の御陵としている所から二町ばかり「わき」に「塚山」があり」というのは、幕府がそれと定め管理している神武天皇陵はまさに「塚山」であるから明らかに矛盾する。要は、「塚山」と「神武田」がここでは混同されているのである。

このようなことが右の引用部分にはあるが、それでもそこには極めて貴重な記述が含まれている。それは、「神武田」での「神罰」「死絶」をめぐる伝承についての記述である。これは第三章1でみることになる中条良蔵著『書附』に克明に収載されるとともに、多くの文献でもしばしば注目されることになるものである。奈良奉行の聖謨が、このような「神武田」をめぐる地元の伝承に耳を傾けかつ記録に留めたことの意味は大きい。

さらに、四条村の「塚山」と山本村の「神武田」が神武天皇陵としていわば共存する状態については、右に引用した箇所に続く部分でこのような解釈をみせている。

> 昔の「みさゝき」（陵）は大きいものは方十町（十町四方の土地〔約一・〇九キロメートル四方〕）もあり、右の二箇所は「芝地」とともに「みさゝき」（〔神武天皇〕陵）の内であって、それが田になり果てたのである。（だから神武天皇陵の）場所が違うというのではない。（昔は）「みさゝき」は、亡骸《なきがら》を「奉葬」した所、在世の時の道具を「奉修」した所、葬送の時の品を「奉修」した所の三箇所に「山」を作ることもあるので、いずれにしても（場所はここで）間違いはない。しかし必ずしも三箇所ともみなあるのではなく、宝莱《ほうらい》山という垂仁《すいにん》帝の御陵などは「二ツ山」で、その他「一ツ」（の山）のものもある。[24]

つまり、「陵」は敷地も広い上に二〜三箇所ある場合があるというのである。もちろんこれにも一理あるのではあろうが、やはりこの時期の神武天皇陵についての固有の問題を説明するには至っていないと思われる。

宣長批判

続けて『寧府紀事』からみる。嘉永二年（一八四九）四月十六日条である。川路聖謨は、本居宣長の現地調査の実態について土地の人びとから聞き取った内容を記す。それによると、「宣長が来た時は生憎大雨で、（土地の人びとは）雨中ではなはだ迷惑して、皆（宣長のために）道案内に出た者も疲れ果ててありふれたような案内をした。そうでもなければ四条村の内で高さが四間（約七・三メートル）もある「陵」（幕府が神武天皇陵として管理する「塚山」）を見落とす筈はない」というのである。そして聖謨は「そのために（宣長は）大切なことを間違えて長い年月にわたって過失を残してしまった。恐ろしいことである」と、宣長の神武天皇陵をめぐる調査についての姿勢を批判する[25]。

もっとも、本居宣長の神武天皇陵の実地調査が『菅笠日記』（下の巻）の示す明和九年（一七七二）三月十二日であってみれば、この聖謨の『寧府紀事』の嘉永二年（一八四九）四月十六日条とは七十七年もの隔たりがある。果たしてどの程度の精度あるいはどのような信憑性をもった聞き取りができたのであろうか。問題として当然残るところであろう。

このように宣長批判を展開する川路聖謨であるが、川路聖謨は自らが奈良奉行であることの責任あるいは使命として四条村の「塚山」が神武天皇陵であることを懸命に擁護しているのであろうか。あるいは、市井の学者宣長の言になぞに惑わされるのはよくないと言っているのであろうか。同じ四条村の神武天皇陵についての考えであっても、奈良奉行としての考えと自由な立場の学者が自ら志す学問の一環としての考えとでは、自ずと異なってくることは否めないであろう。そのことを抜きにして、川路聖謨による神武天皇陵についての文章を読むことはできない。

しかし、右の引用において川路聖謨が本居宣長の批判をしていることはよくわかるとしても、そもそも神武天皇陵はどこなのかという問題に立ちかえってみると、奈良奉行川路聖謨は、神武天皇陵として四条村の「塚山」と山本村の「神武田」のどちらが正しいといっているのであろうか。ところが、その問題についてはここには記されていないのである。

「塚山」と「神武田」

神武天皇陵についての川路聖謨の文章ということでは、『神武御陵考草案』を見落とすことはできない。これが著されたのは嘉永二年（一八四九）七月で、右にみた『寧府紀事』の同二年四月十六日条の三ヵ月後である。

『神武御陵考草案』は右にみた『寧府紀事』における認識と概ね共通するもので、本居宣長著『古事記伝』の記述について筆鋒鋭く論難する。

すでに『寧府紀事』を詳しく検討したので、ここで改めて『神武御陵考草案』の内容についてそのいちいちを述べることはしないが、そこにみえる特徴的な議論については紹介することにしたい。次に引用した部分は、奈良奉行と神武天皇陵の関係を考える上で重要な記述と言えよう。

自分（川路聖謨）は吉野へ行く「公」の事（奈良奉行としての公務）があり、その道すがら代々の奉行の「例」として「神武の御陵」をも拝んだが。[26]（傍点引用者）

つまり、歴代の奈良奉行にとって神武天皇陵への参拝は「公」の事であったというのである。それではここにみえる神武天皇陵は、四条村の「塚山」と山本村の「神武田」のどちらなのであろうか。そのことを考えつつ、右の引用に続く部分を読んでいきたい。その概略は次のようにまとめられよう。

・奈良奉行所にある「ふるき日記」によれば、奈良奉行所は元禄年間より一貫して四条村の「塚山」を神武天皇陵としてきた。[27]（本居宣長が述べる）昔から決っている綏靖天皇陵をみだりに神武天皇陵に充てるようなことは、畏れ多い限りである。[28]

・「日の本（日本）の史」は「朝廷の御史」なのであるから、（これを）「下」（比較の上で身分・地位が低いこと）としてみだりにあげつらうことは、（それこそ）本居宣長がひたすらにいう「きたなきからふみこゝろ」というものである。[29]

・「公」に明らかに定められていることを、みだりにこの頃愚かな者が思いもかけず定めたものであるなどと文に記し世に弘めるのは、自ら「公」を謗《そし》り神武の御陵をそこなって人を迷わせるものである。そのようなことをもむやみに良しとして（人びとがそれに）従うなら、「公」についてどのように考えることができるのか。[30]

この川路聖謨の神武天皇陵についての考え方は、自らが奈良奉行であることが（さらにいえば、自分（川路聖謨）がその「公」の側にあることが）何よりの前提であることに注意が向けられなければならない。ここにはすでに、神武天皇陵について『古事記』『日本書紀』はどのように記しているのかとか、その候補地がどのような所にあるのかといったことについての議論の余地はない。

さてそれでは川路聖謨は、『神武御陵考草案』で、「神武田」について何といっているのか。次の通りである。

・自分（川路聖謨）は今考えると、四条村にある「塚山」はもちろん神武（天皇）の御陵であることは疑いない。
・（山本村の）「神武田」のあたりの「二つの丘」（「神武田」内の二つの小丘）を同じように（神武天皇陵と）いうのも理由のあることで、それは「（延喜式）諸陵（寮）式」の「東西一町」「南北二町」の兆域（陵の敷地）の内であろう（土地）を畏れ多くも田に墾《ひら》いて高い所だけが残ったものであろう。といっても、（神武天皇陵の場所が）『日本書紀』と幕府（「公」）によって定められたことに間違いはなく、『古事記』に（も）大きな間違いはない。土地の様子も疑うべくもない。[31]

これに続けて聖謨は、土地の人びとによる伝承を記す。それは、「神武田」を開いた者はしばらくして子や孫まで（もが）死んでしまい、今では（家が）絶えてしまった。また、開墾し残した芝原は牛・馬も恐れるのか藺草《いぐさ》も食べず、御陵も（「神武田」にある）「二つの丘」も木の枝を折っても必ず災いがあり土地の人びとはとても畏れるという[32]、というもので、すでにみた『寧府紀事』の嘉永二年（一八四九）正月晦日条に記された「神武田」にまつわる伝承と同系統のものといえる。

このように川路聖謨は順を追って「神武田」について述べ、また土地の人びとの伝承にも触れつつ、四条村の「塚山」と山本村の「神武田」のどちらが果たして正しい神武天皇陵かという問題について、次のように述べるのである。

しかしそれは「里人」（土地の人びと）の「物語」に過ぎないのであり、（神武天皇陵についての）確かな証拠とはし難いが、どちらでも昔の文書（が示す場所）と違わない所に御陵があることを詳細に（明らかに）するのでもない[33]。

どちらが本当の神武天皇陵かという問題は、川路聖謨が奈良奉行の立場にあるなら決して避けて通ることのできないことと思われるが、これは何とも主旨の不明瞭な文章である。

「公」と「下」

しかし、この主旨の不明瞭な文章の中にこそ川路聖謨の姿勢は示されていると思われる。まず指摘しなくてはならないことは、聖謨は幕府が神武天皇陵としている四条村の「塚山」については、一貫して擁護していることである。その理由は、何といっても奈良奉行としての職責を全うしようとの意思によるのであろう。しかもその上で、聖謨は決して山本村の「神武田」をも否定してはいない。四条村の「塚山」を擁護するのなら、山本村の「神武田」を否定すればいかにも整合性はとれそうなものであるが、そういうことはしないのである。

とすれば聖謨は、幕府によって神武天皇陵とされている四条村の「塚山」と山本村の「神武田」が事実上共存する事態をそのままに是認したと解するほかはあるまい。何しろ「公」と「下」の立場の違いを重んじる川路聖謨である。「塚山」も「神武田」も幕府（「上」）によるものというのであれば、「下」がそれに対して何か主張するべきではないというのが聖謨の姿勢だとしてもそれは極めて当然である。すでに引用した部分にも、「「下」としてみだりにあげつらうことは」とか、「「公」に明らかに定められていることを、みだりにこの頑愚かな者が」とある通りである。

『神武御陵考草案』に戻る。川路聖謨は最後に次のように記す。ここではまず原文を引用しよう。

われ今なら（奈良）の奉行として大和一国のことをしれゝは、其職によりていはさることを得すよりてかくはものしぬ
今もなほ　それとさたかに　しらかしの　かしこき跡は　よにのこりけり
くさはます　かしこむこまに　露ふかき　野路にも神の　跡をしるかな[34]

現代文に訳せば、「自分は現在奈良奉行として大和一国のことを統治しているから、その職分からして言わない訳にはいかない（ことがある）のでこのように著した」「今でもなお、それとはっきりと

は知ることができない畏れ多い跡は、この世に（きちんと）残っている」「草を食べずにかしこまっている馬には、露が深い野の路にも神（神武天皇）の跡があることがわかることである」となろうか。

これをどのように受け止めたら良いのであろうか。右の引用をみても、四条村の「塚山」と山本村の「神武田」のどちらが真の神武天皇陵であるかについての川路聖謨の考え方や判断はどこにも記されていない。

いずれにしても、これが『神武御陵考草稿』の最後の部分である。どちらが真の神武天皇陵であるかの判断は、川路聖謨はしなかったのである。そのことが、神武天皇陵についての聖謨の考え方であったとしか言い様がない。であるから、すでにみた川路寛堂編述『川路聖謨之生涯 全』が述べたように、聖謨は「神武田」が神武天皇陵として修補されるのに功があった、というようなことでもなかったし、川田貞夫著『川路聖謨』が述べたように、聖謨は山本村の「神武田」説を支持していたが幕府を憚って四条村の「塚山」にも気を遣った扱いをした、というほどには「神武田」に肩入れしてもいなかったのではないか[35]。それよりも、本居宣長の説への厳しい批判が川路聖謨の神武天皇陵をめぐる主張の眼目ではなかったのかとすら思うのである。

しかしなお問題は残る。右に引いた『川路聖謨之生涯 全』にみえる、聖謨は「神武田」を神武天皇陵と考えていた、との説である。聖謨の孫寛堂の説であれば重みがある。もしこれが事実とすると、ここで触れ得た史料のみでは、聖謨による神武天皇陵についての考え方を論じるにはまだ不充分であったということになる。

天皇陵盗掘事件

さてここでは、まず嘉永四年（一八五一）二月四日に十一名が「入牢」に処せられた、成務天皇陵・称徳天皇陵（後に神功皇后陵に改められる）・垂仁天皇陵等の盗掘事件についてみることにしたい。この盗掘は天保十五年（一八四四）九月から嘉永二年（一八四九）十一月にかけてなされたもので、処分は、例えば下手人の嘉兵衛は「塩詰之死体奈良町引廻之上磔」、佐蔵は「奈良町引廻之上磔」等というもので、磔刑《たっけい》の執行以前に獄死した場合は遺体が塩漬けにされて保存されその塩漬けの死体が磔刑に処せられることになってはいたものの、いかにも厳しい処断となった[36]。

老中からの「移牒」と「字ミサンサイ」

もっとも、ここではこの盗掘事件を取り上げようというのではない。この事件に関する史料から、山本村の「神武田」（ミサンサイ）について述べた部分をみる。

嘉永四年（一八五一）九月二十三日の老中阿部伊勢守正弘・牧野備前守忠雅《ただまさ》・松平和泉守乗全《のりやす》・松平伊賀守忠優《ただます》から京都所司代内藤紀伊守信親《のぶちか》・奈良奉行佐々木脩輔顕発《しゅうすけあきのぶ》に宛てて山陵取締を命じた「移牒《いちょう》」（管轄の異なる役所への文書）に付された「佐々木脩輔江相達候書取」の末尾の「但書」に次のようにある。なおこの佐々木脩輔は川路聖謨の後任である。東京市役所編『東京市史稿　御墓地篇』（大正二年十一月、博文館。昭和四十九年六月に臨川書店より復刻）および第一章1の註2で取り上げた川田著「幕末修陵事業と川路聖謨」（九ページ）からみる。

古くから神武帝陵の内かとされている場所（原文は「古来神武帝陵内歟与相聞候場所」）は、今では「田方」になっていて「字ミサンサイ」あるいは「神武田」などということであるが、内々に取り調べて相違もないのならば旧跡が揃っている場所だけでもみだりに「雑人等」が立ち入らないよう取り計らうべきであるが、これについても取り調べること。[37]

これによれば、この盗掘事件を契機としてということなのであろうか、「古くから神武帝陵の内かとされている場所」の取り調べと保全が命ぜられているのである。そしてそこは「字ミサンサイ」とも「神武田」等ともされているという。ここにはそれ以上詳しいことは記されてはいないが、この「移牒」には先にもみたように何しろ四名の老中が「差出人」として名を連ねているのである。事は重大である。

さて右に引用した史料には、「神武田」と並んで「字ミサンサイ」との地名がみえる。この「字ミサンサイ」は、少なくとも右の史料中では「神武田」と同じく「神武帝陵の内かとされている場所」を指すと思われる。しかしこの「移牒」にみえる「字ミサンサイ」の何よりの特徴は、「ミサンサイ」に「字」が冠せられていることである。つまり少なくともこの時点における「字ミサンサイ」は、検地帳にも記載され得るいわば公的な地名とみなければならない。

なおこれまで文脈に応じて「「神武田」（ミサンサイ）」との表記もしてきたのでこの表記は以降も継続するが、「ミサンサイ」が字であることを強調する場合には、「字ミサンサイ」との表記も用いることにする。

　さて、この翌年七月の京都町奉行河野対馬守通訓《みちのり》・浅野中務少輔長祚《ながよし》による「大和国陵取締方之儀ニ付奉ㇾ伺候書付」には次のようにある。

（奈良奉行）佐々木信濃守顕発へ「達」があったので、「大和国中陵弁神武帝陵内歟与相聞候場所」（傍点引用者）の「見分」等については、私ども（京都町奉行）の組の者に奈良御役所の組の者を立ち会わせて、取り調べの上で高札の渡し方ならびに取り締まり向きの申し渡し等は私どもで取り計らい、奈良御役所でもこの申し渡しの趣に准じて別に所の者へ申し置き、三～五年目毎に見回りとして私どもの組の者を差し遣わし、その節に奈良御役所の組の者を立ち会わせれば、しばしば不取り締まりや粗末なことになるようなこともないと存じ奉る。[38]

右の引用は、傍点部の「大和国中陵弁神武帝陵内歟与相聞候場所」を京都町奉行と奈良奉行によってどのように管理してゆくかを主題とするものである。ここでは、傍点部の「大和国中陵弁神武帝陵内歟与相聞候場所」とあること自体が重要である。つまり、「大和国中陵」すなわち大和国にある神武天皇陵を含む天皇陵一般と、「神武帝陵内歟与相聞候場所」すなわち「神武田」（ミサンサイ）が、幕府による管理の上では同じ扱いとされているのである。

　以上を総じてみれば、少なくともこの頃以降はいくら四条村の「塚山」が幕府の定めた神武天皇陵だとはいっても、実際には山本村の「神武田」（ミサンサイ）も、それと事実上同じ位置を占めていたということになる。いったいなぜこのようなことになったのであろうか。「神武田」とは、また「字ミサンサイ」とは何であったのか。さらにこの問題に接近することとしたい。

聖謨その後

川路聖謨は、すでに嘉永四年（一八五一）六月十日には召喚の命を受けて奈良を発っている。以降聖謨は大坂町奉行や勘定奉行を歴任し、嘉永五年九月二十日には海防掛、嘉永六年十月八日には露使応接掛となり、やはり同年十二月十四日にはプチャーチンとの応接を開始するのを皮切りに、幕末期における列強諸国との外交の表舞台に立つことになる。そして幕末の混迷した政治情勢の中、聖謨は慶応四年（一八六八）三月十五日つまり「官軍」による江戸城総攻撃と定められていたその日に割腹の上ピストルで自らの喉を撃つという壮絶な死を遂げた。その時の聖謨の胸中には、神武天皇陵の行く末についてどのような思いがあったのであろうか。

川路聖謨には遺書がある。「川路聖謨遺書」として『川路聖謨文書八』に収められている。その目次には「川路聖謨遺書」について、「いつでも感じるままのことをつぎつぎと記したもので、最後（の部分）は慶応四年三月になった」とする。そしてその「四ノ下　皇朝学」で、聖謨は神武天皇陵をめぐって次のように述べる。

伊勢の人（本居）宣長やその仲間が「ひかこと（僻事《ひがごと》）」（悪事。まちがい）をいうのには決して欺かれない。昔『古事記伝』を読んで「神武帝陵」については宣長の誤を正して。[39]

ここから読み取ることができるのは、宣長が主張する神武天皇陵「字加志《カシ》」説へのあからさまな反感である。これを聖謨の出した神武天皇陵をめぐる問題についての結論とみて良いとすれば、少なくとも聖謨にとっては、もはや「塚山」と「神武田」（ミサンサイ）のどちらが真の神武天皇陵かなどということよりは、神武天皇陵の所在地をめぐる「公」なり「下」なりといった構図を正しくあらしめることの方が余程問題であったのか、とすら思われる。

3　孝明天皇の「叡念」

孝明天皇の悩み

孝明天皇（天保二年〔一八三一〕～慶応二年〔一八六六〕）は、父仁孝天皇の崩御を承《う》けて弘化三年（一八四六）二月に十六歳で践祚《せんそ》（即位は弘化四年〔一八四七〕九月）してから慶応二年（一八六六）十二月二十五日に三十六歳で崩御するまでの間、外患に悩まされ続けたことはよく知られている。また、その時点の政治局面について自らの意思を表明することがしばしばであり、その点では近世における多くの天皇と性格を異にしたといえよう。

その二十一年間の在位中、外患の状況はいささかも好転することはなく、孝明天皇の懊悩《おうのう》はいやが上にも増すばかりであった。それでも孝明天皇は、外患への対処には積極的な姿勢を崩さなかった。

孝明天皇（御寺 泉涌寺所蔵）

例えば践祚の年（弘化三年）の八月二十九日には海防の強化を命じた「勅」を幕府に降している。『孝明天皇紀第二』（昭和四十二年一月、平安神宮）は同日条で「実万《さねつむ》公手録」からやはり同日の「御沙汰書」を引いているが、そこには「日本（「神州」）の辱《はずかし》めにならないように一生懸命に全体がよくまとまって、ますます（孝明）天皇の気持ちを安心させるようにこのことをよく取り計らいなさい」[40]とある。これは、外患についての「勅」を幕府に下された初めのものであると『孝明天皇紀』の編者は註記する。[41]事実、以降孝明天皇は外患について神経を磨り減らす日々を送ったのである。

孝明天皇について詳細に取り上げた藤田覚著『幕末の天皇』（一九九四年九月、講談社選書メチエ26）はその第四章「鎖国攘夷主義の天皇」で、嘉永六年（一八五三）六月のペリー来航から同年末にかけての列強や幕府・朝廷の動向に注目した年表を載せている。以下に引用する。

六月三日　ペリー浦賀に来航。
同月九日　ペリー久里浜に上陸し、大統領親書（米国国書）を手交する。
同月十二日　ペリー明春の来日を約束し、浦賀を去る。
同月十五日　幕府、ペリー来日を朝廷に報告。朝廷、七社七寺に祈禱を命じる。

同月二十二日　将軍徳川家慶《いえよし》死去。
七月一日　幕府、諸大名に米国国書を示し、返書について意見を求める。
同月十二日　幕府、朝廷に米国国書を提出。
同月十八日　ロシア提督プチャーチン長崎に来航。国書を手交し条約締結を要求。
八月十五日　朝廷、石清水放生会に、国家安穏を祈る。
同月十七日　幕府、朝廷にプチャーチン来日を報告し、国書を提出。
九月十一日　朝廷、伊勢神宮に国家安穏を祈る。
十一月一日　幕府、米国国書に明確に返答せず退去させる、という方針を公表。
同月二十三日　朝廷、熱田神宮ほか畿内以外の十社に国家安穏の祈禱を命じる。
同月二十七日　朝廷、勅使を派遣し、幕府に天皇の不安の状を伝達。幕府これに回答。
十二月三日　朝廷、伊勢神宮ほか畿内十九社に国家安穏を祈る。
同月二十八日　朝廷、対外情勢を廷臣に告げる。
この月朝廷、畝傍《うねび》山陵（神武天皇陵と伝える）の修理を幕府に要求。[42]

いかにも緊迫したこの時期における外交・政治の動向が、この年表からくっきりと浮かび上がってくる。それにしても一見して、社寺による祈禱への孝明天皇の傾倒ぶりが顕著である。つまり孝明天皇は社寺の祈禱によって外患を攘《はら》おうとしたのであり、これが孝明天皇が「外患」への対処のためにとった方法なのである。このことについては、清水潔監修『神武天皇論』（令和二年四月、橿原神宮庁）

が「第五章　幕末・明治期の神武天皇論」「二、激動の幕末政治史のなかでの孝明天皇のご治世」（田浦雅徳執筆）で注目している。その中で、『孝明天皇紀』がその綱文（出来事の内容を分かりやすくまとめた文章）で用いている文言について、「『孝明天皇紀』では「祈禱《きとう》」と「祈禳《きじょう》」を明確に使い分けて叙述がなされている。「禳」は「災いをはらう」という意味である。国家の安泰や平安を祈るのであれば「祈禱」であり、外患を取り除くとか外交問題で祈る場合は「祈禳」が用いられている」[43]と述べるのは実に正鵠《せいこく》を射た指摘である。

さてここで取り上げなければならないのは、右の年表の最後の行の「この月朝廷、畝傍山陵（神武天皇陵と伝える）の修理を幕府に要求」との一文である。そこにみえる「この月」とは当然嘉永六年（一八五三）十二月のことであって、「朝廷」というその主体は孝明天皇自身に他ならない。その「修理」とはいったい何のことなのか。どこをどのように「修理」せよというのか。そして、ペリー来航のこの年にあって孝明天皇は、幕府に神武天皇陵を「修理」させていったい何を実現しようとしたのであろうか。

右にみた『神武天皇論』はこのことについて、「このようなペリー来航いらいの対外的危機が深刻化するなか、神武天皇山陵の修復について孝明天皇ご自身が言及される出来事が起こっている。嘉永六年十二月、武家伝奏三条実万は、関白鷹司政通《たかつかさまさみち》から、京都所司代脇坂安宅《やすおり》に対して、孝明天皇の山陵修補の叡慮を伝えるよう命じられた。孝明天皇は、神武天皇畝傍山陵については兼々お心を砕いておられるが、山陵に御祈念して御初穂《はつほ》を奉納することを追々仰せ出されるおつもりであるので、心得ておくように、という内容であった」[44]と述べる。ここに孝明天皇が実現しようとしたことが明白である。孝明天皇は自らによる神武天皇陵の祭祀を企図していたのであり、その目的はまさに外患への対処であったのである。孝明天皇による外患への対処としての祭祀の対象は、ここにそれまでの社寺に新たに「神武天皇畝傍山陵」が加えられたことになる。

「山陵事」

さて、右にみた嘉永六年十二月に示された孝明天皇の神武天皇陵の「修理」の「要求」については、当時武家伝奏であった三条実万の『三條實萬手録二』（日本史籍協会叢書125、大正十五年一月発行、昭和四十七年十一月に東京大学出版会より覆刻）の「忠成公手録書類写　第十四」にみられる。それは、「山陵事」と題されたものである。以下に「山陵事」をみる。

・（孝明天皇は）「神武天皇畝傍山陵〔大和国畝傍山東北陵高市郡〕」について兼ねてより「叡念《えいねん》」（天皇の考え）があったが、長い間（神武天皇陵についての動向が）何も無く（この頃では）御陵のことはどうなっているのか。

・（天皇は）「御祈念」のための「初穂」（捧げもの）を（神武天皇陵に）供えることについて順を追って仰せ出されよう。「叡念」はことによると「御内慮《ないりょ》」として仰せ進《まいら》せられることもあるので、そのように心得られたく「内談」を申し入れておくように関白（鷹司政通）から命ぜられ、嘉永六年（一八五三）十二月中に（所司代脇坂淡路守安宅へ）申し談じて置いた。

・このことはこれまでも「御沙汰」として伺っていたことである。まことに「国家之大事」で、この頃の〈孝明天皇の〉「内慮」の趣旨は順を追って取り調べれば「公武御繁栄」の基となると思われる。

・その上、これまで〈神武天皇の〉「陵所」〈天皇陵の所在地〉に「相違」との趣の説もあるので、どうぞよく取り調べて、「国史」の先例もあるので、これからは「御廟祀」〈天皇陵の祭祀〉があれば、「皇国之光輝」を「万民」が仰ぎ奉ることになると存ずる。[45]

これに、〈天皇〔孝明〕↓関白〔鷹司政通〕↓武家伝奏〔三条実万〕↓京都所司代〔脇坂淡路守安宅〕〉との朝廷から幕府への伝達経路を当てはめて考えると、事の次第が極めてわかりやすい。天皇の意思〔「叡念」〕がその経路によって武家の側に伝えられる手順がここに歴然と描かれている。この「山陵事」は、本書の視点から極めて注目される。孝明天皇が神武天皇陵についての「叡念」、つまり神武天皇陵への祭祀の実現への意向をすでに幕府に伝えていて、そのことの念押しが「山陵事」全体を通じての主題である。

しかしそれに加えて重要なことがもう一点ある。当時幕府によって神武天皇陵とされていた四条村の「塚山」に「相違」があるとの説もあるので正しい場所へ改めよ、といっているのである。もっとも、この文脈においてこのようにいわれて想起できるのは山本村の「神武田」（ミサンサイ）だけである。もちろん、この段階ではすでに竹口栄斎による「字カシフ」説や本居宣長による「字加志《カシ》」説も蒲生君平による「御陵山」説も存在していたが、この間の朝幕関係にあっては宣長・君平の説は一顧だにされていない。そして孝明天皇は、その四条村の「塚山」から新しい神武天皇陵に改められそこで孝明天皇による祭祀がなされてこそ、はじめて「皇国之光輝」を万民が仰ぐことができるというのである。

そうしてみると、やはり孝明天皇のいう「修理」には、事実上神武天皇陵の「塚山」から山本村の「神武田」（ミサンサイ）への変更が前提となっていたのである。それにしても孝明天皇あるいは朝廷は、どのような根拠によって山本村の「神武田」（ミサンサイ）を神武天皇陵としたのであろうか。

朝廷の側で事態がそこまで進行しているのであれば、幕府は遅滞なく事を運ぶ必要を感じたことであろう。何しろ孝明天皇のこの「叡念」「内慮」の背景には、外患についての大きな危機が厳然と存しているのである。

攘夷への意思

孝明天皇についてしばしば指摘されるのは、孝明天皇に攘夷の意志が強かったということである。そのことについて、右に引いた藤田著『幕末の天皇』は「鎖国攘夷の主張を剛胆・頑固に貫いて生き抜いた生涯であった[46]」とし、またこれもすでに引いた『神武天皇論』も、「対外的危機の深刻化するなか、畝傍山の神武天皇陵の修補と祈禱の実現は、孝明天皇にとって喫緊の課題だったと思われる[47]」と述べている。とすれば右にみた「山陵事」は、孝明天皇による攘夷への意志と神武天皇陵とが結び付いたことを示す貴重な史料であると同時に、神武天皇陵の候補としての「神武田」（ミサンサイ）をめぐる事柄が事実上朝廷・幕府の間での具体的な懸案事項となったことをも示す史料でもあったのである。

本書ではこの嘉永六年（一八五三）十二月の孝明天皇の意志の発露を神武天皇陵をめぐるひとつの画期とみて、以下進めることにしたい。

なお、「山陵事」に、「「御祈念」のための「初穂」を（神武天皇陵に）供える」とあるが、以降これを例えば、神武天皇陵への「祭祀」等というように述べる場合もあることを予め述べておきたい。また、同じ史料の「叡念」「内慮」については「意思」等と言い換える場合もある。それぞれ意味は同じものと諒解されたい。

第三章

奈良奉行所与力の結論

江戸幕府が定めた神武天皇陵「塚山」は、現在は綏靖天皇陵（桃花鳥田丘上陵）となっている（写真上）。本居宣長が神武天皇陵とした丸山付近には、現在は石柱が建つのみ（写真下）

1　中条良蔵の報告書

朝廷の「達書」

第二章3でみたように、神武天皇陵に祭祀をしたいがその神武天皇陵の場所が違っているとの説があるから正しい場所へ改めるようにとの孝明天皇の意思は、ペリーの黒船が来航した嘉永六年（一八五三）の十二月に関白から武家伝奏に伝えられた。以降この孝明天皇の意思は、武家伝奏から京都所司代へ、京都所司代から老中・奈良奉行へと伝えられたと考えられる。それでは、この間の幕府側の対応はどのようなものであったのであろうか。

その後の幕府側の対応は、決して芳しいものではなかったとみえる。翌嘉永七年（一八五四）九月二十四日には、次に引用する朝廷から京都所司代に宛てた念押しとも催促ともつかない「達書」が出されている。『孝明天皇紀第二』（昭和四十二年七月、平安神宮）から引く。「内覧文書写」からの引用である。

「畝傍山陵」（神武天皇陵）については政務の事情（「御沙汰之次第」）もあり、内々の相談もしておいたので考え中ではあろうが、よく含んで御取り扱い頂きたい。すべて「山陵」のことは先より「御沙汰」もあったので取り調べていることであろうが、「古代」（古い時代。今日いう歴史用語としての「古代」の意味ではない）のことについては分からない「御陵」もあり、現在「御所表」では調べ兼ねるので、（武家の側で）調べて分かった御陵は「荒廃」にならずに「御尊崇」の対象になるように厚く取り扱って頂きたい。特に「畝傍山陵」（神武天皇陵）についてはなおさら時節柄でもあり、いよいよ「尊敬」を尽くすようになればなおさら「国家の御祈禱」にもなるであろう。[1]

特にこれといった案件があっての「達書」とも思われない。朝廷としても神武天皇陵についての孝明天皇の意思が幕府の側に伝えられた以上、その実現がはぐらかされても良くないと考えてのことでもあったのであろうか。また右の引用からは、孝明天皇の意思には、神武天皇陵についてはもちろん格別のことであるが、その他にも「古代」のものなど天皇陵一般が含まれていることが窺える。

そして翌安政二年（一八五五）正月七日には京都所司代脇坂淡路守安宅から武家伝奏東坊城《ひがしぼうじょう》聡長《ときなが》に、「神武帝陵内欺ト相聞候場所」を含めて各天皇陵の取り調べや取り締まりについての問い合わせがあり、そこでは、神武天皇陵等については奈良奉行の担当とすること等の記述がある。「聡長卿記」からの引用である。[2]

そうであれば、奈良奉行所による神武天皇陵や「神武帝陵内欺ト相聞候場所」の調査はこれ以降のことということになるが、奈良奉行所与力の中条良蔵（寛政十二年〔一八〇〇〕～慶応四年〔一八六八〕）等によって『御陵幷帝陵内欺与御沙汰之場所奉見伺書附』[3]（以下『書附《かきつけ》』という）が完成されたのはその三ヵ月後の安政二年四月のことであった。

この『書附』は、当時幕府によって神武天皇陵として管理されていた四条村の「塚山」と神武天皇陵に準じるものとされていた山本村の「神武田」（ミサンサイ）についての現地調査また諸種の文献調査に基づいた報告書である。つまり『書附』は、奈良奉行所与力が作成した「塚山」と「神武田」（ミサンサイ）についての公的な報告書であり、「神武田」（ミサンサイ）が真の神武天皇陵であることと、そこで継続的な天皇による祭祀がなされることの見通しを立てたものである。

従って当時の「塚山」や「神武田」（ミサンサイ）について考えようとする際には『書附』が恰好の史料として用いられることが多いが、これまでの研究ではそれぞれの視点に基づいた断片的な引用ばかりが目立っていた。ここではその成り立ちから繙きつつ、その全体像を明らかにした上で、『書附』のもつ本来の意味について考えることにしたい。

与力中条良蔵

『書附』の著者としてその表紙にみえるのは、奈良奉行所与力の中条良蔵と羽田謙左衛門・羽田半之丞であるが、なかでも中条良蔵は、『庁攬《ちょうらん》』（奈良県立図書情報館所蔵）という後に述べる文久の修陵の際に山本村の「神武田」（ミサンサイ）を神武天皇陵として普請した際の手控等も残しており、幕末期における神武天皇陵をめぐる動向にあっては、重要な位置を占める人物である。

中条良蔵は、文化十三年（一八一六）正月に与力見習として出仕、文政五年（一八二二）七月には「与力召出」、安政二年（一八五五）には「御陵修覆ニ付御改掛仰付」の沙汰を受け、文久の修陵に際して文久三年（一八六三）三月二十七日に「山陵懸り与力」となり、同年六月四日には奈良奉行山岡備後守から小書院に召し出され、京都所司代牧野備前守の命により神武陵修覆御用向きの「立会付切」を伝達され、文久四年（一八六四）二月四日には山陵奉行戸田大和守（忠至）の召し出しにより白銀七枚の賞を受け、慶応二年（一八六六）正月二日には京都所司代松平越中守定敬《さだあき》から白銀十枚の賞を頂き、同月十五日には京都所司代宅に召され「御勘定格」を仰せ付けられた。[4] 奈良奉行所における神武天皇陵をめぐる動向においては、与力として存分な働きをしていた様子がよく窺える。

さらに『大和人物志』（明治四十二年八月、奈良県、名著出版により昭和四十九年三月に復刻）がその人柄について記すところによると、中条良蔵は諱は正言、号は芳渓といい、清廉潔白な性格であった。当時は賄賂が横行していたが中条良蔵は謹厳で刑罰や裁判について少しも大目にみることがなく公平無私に判断したので、民に「冤枉《えんおう》」（無実の罪）がなく「奸者（悪者）は肝を寒くした」[5] という。

『書附』の標題

ここで、『書附』の本来の標題である『御陵幷帝陵内歟与御沙汰之場所奉見伺書附』について考えることにしたい。これを仮に現代文に直すと、「（神武天皇の）「御陵」と（神武天皇）陵（「帝陵」）の内かとの「御沙汰」があった場所についての実地調査の文書」となる。つまりこの『書附』は、上級官庁からの命によって作成された復命書ということになる。

さて、奈良奉行所にとっての上級官庁は老中あるいは京都所司代ということになるが、その命の具体的な内容は今ここで具体的に指摘することはできない。しかしこれに関して遡ってみれば、すでに第二章2でみた嘉永四年（一八五一）九月二十三日の老中阿部正弘から京都所司代・奈良奉行に宛て

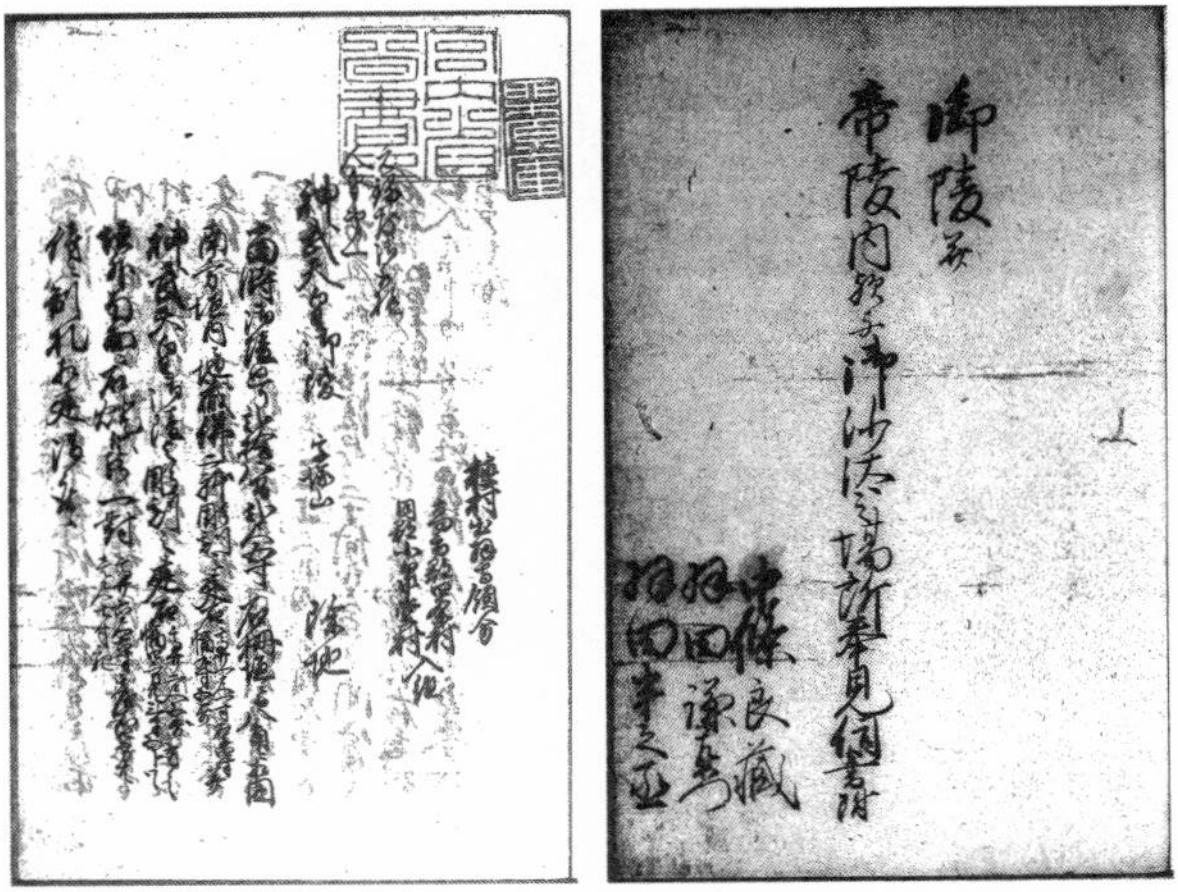

中条良蔵著『書附』写本（宮内庁書陵部図書寮文庫所蔵）

た「移牒」にみられる「神武帝陵内歟与相聞候場所」との文言を思い起こすことができ、これによってその命のおよその内容を推し量ることができよう。要は、現実に神武天皇陵として管理されている四条村の「塚山」と、新たに神武天皇陵とされるであろう山本村の「神武田」（ミサンサイ）について詳細な調査をして報告せよ、ということと考えられるのである。

また、嘉永四年（一八五一）の「移牒」には「相聞候」（傍点引用者）とあり、安政二年（一八五五）の復命書（『書附』）には「奉見伺」（傍点引用者）とあることについては、話に聞いたことはあるが実際には見たことがないこと（「聞」）と、その地を実地に調査したこと（「見」）への違いが示されているものとして捉えることができる。

四条村の「塚山」

中条良蔵は、『書附』を四条村の「塚山」の現状についての記述から始める。現に幕府が神武天皇陵としているのはこの四条村の「塚山」なのであるから、このことは理にかなっている。

『書附』によれば、御陵廻り二十八間二尺五寸（約五一・六メートル）、石柵垣で八角に囲む。垣内に地蔵仏二体があり、高一尺一寸（約〇・三メートル）・厚四寸（約一二・一センチメートル）・幅四方とも九寸五分（約二八・八センチメートル）。「神武天皇御陵」と「彫刻」された建石があり、高二尺五分（約〇・八メートル）・幅四方とも三寸五分（約一〇・六センチメートル）ずつである。垣外に南面して石灯籠が一対あり、高六尺六寸（約二・〇メートル）、台石は四方とも一尺七寸（約〇・五メートル）である。傍らに制札がある。これが、安政二年（一八五五）四月における神武天皇陵としての「塚山」の姿である。ただし、ここには陵の高さの記載がないことには留意する必要があろう。例えば元禄期の史料にはなるが、第一章1でみた細井知慎著『諸陵周垣成就記』の神武天皇図によると同陵には二つの頂があり、それぞれ「高一丈」（約三・〇三メートル）「高七尺」（約二・一二メートル）とある。ただしこの「二つの頂」は、今日宮内庁書陵部によって公にされている陵墓図では確認できない。[6]

次いで「塚山」の来歴を述べるが、これについては、第一章1ですでにみたところとあまり変わりがない。四条村・小泉堂《こせどう》[7]村の役人の説明によるものである。

・この御陵は元禄十年（一六九七）九月に竹垣三十一間（約五六・四メートル）、戸前押面に取り建てた場所で、模様替えについて四条村と小泉堂村の役人共に糺したところ、竹垣は先年朽ち損じその後は囲い垣が無く、文化五年（一八〇八）十月に大和国高市郡畑村弥三郎が石灯籠一基を寄付し、さらに、文政八年（一八二五）三月に摂津国大坂堂島北浜医業渡世三上大助・同人同居弟子十市藤三郎が廻りに石柵垣と石灯籠一基を寄付した。
・その際「神武天皇陵」と刻した建石と三上大助・十市藤三郎が石柵垣を寄付したことを刻した石を建てたが、御陵前にそのような建石があるのはよくないので取り払った。地蔵仏は塚山の北側の土中より掘り出し安置した。

さて、この四条村・小泉堂村の役人の説明に対する中条の返答が振るっている。次の通りである。

追って沙汰するまでは、「制札」の通りに心得るように。

一見如何にも常識的なひと言であるが、これまでこの「塚山」は幕府によって長い間神武天皇陵とされてきたのであり、直接的には四条村・小泉堂村によって守護されてきたのである。奈良奉行所の与力が四条村・小泉堂村の役人に面と向かってこのように言ってしまうことは、「塚山」が近いうちに神武天皇陵から外されることになると言い渡しているようなものではなかろうか。

しかし、これを聞いて果たして四条村・小泉堂村の村役人が驚愕したかというと、決してそうではないであろうと思われる。すでに第一章1でみたように、この「塚山」以外にも神武天皇陵とされる所（山本村の「神武田」〔ミサンサイ〕）についての動向はすでに元禄期からあったのであるから、安政期において四条村・小泉堂村の村役人がそのような動向について知らなかったとも思われない。

山本村の「神武田」（ミサンサイ）

さて『書附』は、新たに神武天皇陵とされることになる地について述べる。すでにこれまで縷々《るる》みてきた山本村の「神武田」（ミサンサイ）である。この「神武田」（ミサンサイ）を『書附』の本来の標題である「御陵幷帝陵内歟与御沙汰之場所奉見伺書附」（傍点引用者）に照らし合わせてみると、このうち「帝陵内歟与御沙汰之場所」が「神武田」（ミサンサイ）に相当することになる。

ここで改めて『書附』について改めて確認しておきたいことがある。それはこの『書附』においては、新たに神武天皇陵とされることになる地は「神武田」（ミサンサイ）であるという確たる前提に立っているということである。本書でこれまでみてきた経緯からすれば、そのことは当然にも思われるのであるが、本来なら、四条村の「塚山」が神武天皇陵であることを否定するのであれば、新たに神武天皇陵とされることになる地はどこに求められるのかという議論が必要なはずである。例えば、第一章2でみた本居宣長や蒲生君平による洞村の「字加志《カシ》」あるいは「御陵山」がその候補に上がる可能性はなかったのであろうか。しかしそのようなことは、『書附』には全く見られないのである。中条良蔵にとっては、神武天皇陵にはどこが相応しいかなどという考察の余地は全くないのであって、ただ山本村の「神武田」（ミサンサイ）こそが真の神武天皇陵であるという前提のみがあったのである。

さて『書附』は、その新たに神武天皇陵とされることになる地について述べる。「神武田」（ミサンサイ）の地である。

神武天皇陵内かと思われる地は、高市郡山本村〔神保三千次郎（相徳）知行所〕にある。「字《あざ》

（近世の村落内の地名）ミサンサイ」「字ツホネカサ」の高は十九石四斗八升一合である。ただし、身分の低い者（＝下方）は「ミサンサイ」「ツホネカサ」を「神武田」という。（周囲の）田畑よりも地所は高くおよそ広さは東西一町（約〇・一キロメートル）南北二町（約〇・二キロメートル）である。

ここには同地の呼称についての極めて興味深い記述がみられる。つまりその地は字としては「字ミサンサイ」「字ツホネカサ」というが、「身分の低い者（＝下方）」はこれをあわせて「神武田」という、とするのである。つまり少なくともこの時点において、「神武田」というのは例えば字のような公的な地名ではないということになる。このことから想起されるのは、第一章1でみた松下見林著『前王廟陵記』の記述である。そこには、「＝民」はその田を「神武田」と呼ぶ」とあった。とすれば『書附』にある「身分の低い者（＝下方）」は、『前王廟陵記』のいう「民」に通じるのであろうか。

そしてその「神武田」は「字ミサンサイ」と「字ツホネカサ」から成るが、山本村全体が高二百三十九石一斗六升六合九勺の内「字ミサンサイ」と「字ツホネカサ」を合わせて高は十九石四斗八升一合である、という。

しかもこの『書附』以降の神武天皇陵をめぐる動向においては、その地の呼称は主に「神武田」あるいは「ミサンサイ」となるのであって、「ツホネカサ」はほぼ姿を消す。このような呼称の傾向についいて今明確な説明をするだけの準備を持たないが、この「ミサンサイ」および「ツホネカサ」についての記述は『書附』の核心部分におけるものであるだけに信憑性も極めて高く、神武天皇陵に関する問題についての重要な示唆を含むものと思われる。本書ではこの地のことを主に「神武田」（ミサンサイ）と記してはいるが、少なくとも『書附』では「字ミサンサイ」（あるいは「ミサンサイ」）と「字ツホネカサ」（あるいは「ツホネカサ」）の両方が字として記されており、「神武田」は「身分の低い者（「下方」）」が用いる地名とされていることには充分注意を向けておきたい。

次いで、『書附』は域内の様子について記す。「ミサンサイ」の「小丘一ヶ所」は、東西三間五尺（約六・九メートル）・南北四間一尺（約七・五メートル）・根廻り十間四尺（約一九・四メートル）で、方形中高で東西《ママ》が長い。中央は高さ三尺（約〇・九メートル）ばかりで榎一本・荊木《いばらき》一株と芝草が茂る。同じく「ミサンサイ」の「芝地一ヶ所」は、円形の平地で、根廻り八間五尺（約一六・〇メートル）・東西二間五尺五寸（約五・三メートル）・南北も同、中央はおよそ高さ二尺（約〇・六メートル）で樹木は無く草原の地である、という。

「霊威」の地

次には村役人からの聞き取りの内容である。まず、「この地所について山本村の役人に糺したところ、文禄四年（一五九五）の「検地帳」に「字ミサンサイ」「字ツホネカサ」とあるが、開地の年月や元禄年間の帝陵改の際に御役所へ書き出した書面は見当たらず申し伝えもない」、という。この記述は、文禄四年の「検地帳」に「字ミサンサイ」「字ツホネカサ」との記載があることを明確に示すものである。「元禄年間の帝陵改」については第一章1ですでにみた。

そして、この地でのある出来事が語られる。つまり「（「神武田」（「ミサンサイ」「ツホネカサ」）は）

「霊威」の地で、百姓は恐れて十年前までは「農作」する者はなく「荒地」であった。年貢を納めるのに百姓は困窮したので山本村枝郷「洞村《ホラ》」の「穢多《えた》」に「開発」や「修理」、「作方」等をさせた際、「小丘」の松・桜を「穢多共」が伐り取り薪にしようと持ち帰ったところたちまち家中残らず死に果て、「芝地」の草を伐り取り牛馬に与えても食べない。「開地」の際には「狂風」「暴雨」があり、その後田地にして耕作した洞村の「穢多」の四平・藤兵衛・平治の三人がともに死に絶えた。(これについて)「祟《たたり》」という「風説」があり百姓は「恐怖」した。(この土地を)「霊威の地」と聞く」、というのである。

これは、「十年前」という直接の記憶の範囲における記録である。しかも、「「霊威」の地」と記されているとなれば、むしろ「新たな神武天皇陵とされることになる地」たるに相応しいのであろう。しかしこの部分にみえる山本村の役人の言については、第二章2でもほぼ同内容の記述があった。川路聖謨は嘉永二年(一八四九)正月晦日に、中条良蔵はその六年後の安政二年(一八五五)正月から四月までの間に、ともに山本村を訪れてほぼ同じ話を聞いてほぼ同じように書き留めたということになる。

また中条良蔵は、「ミサンサイ」「ツホネカサ」について自らの語源説を披露している。すなわち、「ミサンサイ」は「御山陵」の意、「ツホネカサ」は「御山陵」の「坪」(平坦な場所)を重ねた意ではないかと述べ、これらの地名はそこが確かに真の神武天皇陵であることの証拠となり得る、とする。

『書附』に引用された文献

これ以降、近世期に著された神武天皇陵をめぐる各種の文献を引用しつつ批判を加え、「神武田」（ミサンサイ）こそが真の神武天皇陵であることを論じる部分が続く。それらの文献を『書附』に取り上げられた順序のまま列挙してみよう。

・松下見林著『前王廟陵記』（「序」元禄九年〔一六九六〕七月）
・『大和志』（享保二十一年〔一七三六〕）
・本居宣長著『菅笠日記』（明和九年〔一七七二〕成立、寛政七年〔一七九五〕刊）
・同著『古事記伝』（寛政十年〔一七九八〕六月原稿完成、寛政二年〔一七九〇〕～文政五年〔一八二二〕（四十四巻、附巻一）刊）
・同著『玉かつま』（寛政五年〔一七九三〕起筆、享和元年〔一八〇一〕逝去）（寛政七年〔一七九五〕六月～文化九年〔一八一二〕正月刊）
・蒲生君平著『山陵志』（文化五年〔一八〇八〕刊）
・『越智家譜』
・津川長道著『卯花日記』（文政十二年〔一八二九〕刊）
・北浦定政著『打墨縄《うつすみなわ》　大和国之部』（嘉永元年〔一八四八〕六月）

掲載の順序のままに並べたといったが実際にはおよそ年代順にもなっており、さながら近世における神武天皇陵関連の文献目録あるいは史料集の観すら呈するものである。以下これらの文献のうち本居宣長・蒲生君平・北浦定政の著作を取り上げて、それらがどのように『書附』において論じられたかについて具体的にみることにしよう。

2　本居宣長・蒲生君平への反論

宣長『玉勝間』

すでに第一章2でみたように、本居宣長は『玉勝間』で、竹口栄斎著『陵墓志』の「神武天皇の御陵は自分（竹口栄斎）が確かに探し出した。『日本書紀』の記載に方角もよく合う。それは畝火山の東北の麓に「天皇宮」という「祠《ホコラ》」がある山である。そこに字を「加志《カシ》」という所があり、『古事記』にある「かしの尾上《ノ》」との名が残ったのであろう。山本村の神八井耳命の御墓山よりは東、小泉堂《コセダウ》村よりは南、大久保村よりは西の「保良」（洞）村の辺りである」との部分を引いて、洞村の「加志《カシ》」が神武天皇陵と考えられる説に賛同している。これに対して中条良蔵は何と反論したのであろうか。『書附』から引く。ただし中条良蔵が以下の引用で「字丸山」というのは、竹口栄斎がいう「字カシフ」、宣長がいう「字加志《カシ》」、君平がいう「御陵山」のことである。このことについては後述する。

・「天皇宮」との「祠」は寛文八年（一六六八）九月に造営された生玉大明神社で、山本村枝郷洞村の「穢多」の住居の傍らの畝火山内の「字丸山」と呼ぶ所を指すという。

・「加志（かし）」[8]は畝火山内にはなく、「丸山」の西続《つづき》（土地が切れ目なく接するさま）に字「タンダ」と称する（所の）東続に樫の木が五～六本あるがそこを指していうのか、と（洞村の人びとから）聞く。

これによると、「加志（かし）」と「字丸山」とは別の場所にあり、しかも「加志（かし）」は畝火山内にはない、ということになる。とすれば当然「加志（かし）」を神武天皇陵とする宣長の説は成り立たないことになる。もちろん、だからといって決して中条良蔵がこの「字丸山」を神武天皇陵として認めたわけではない。

また右の引用の末尾に「と聞く」とある以上、その前の部分は聞き取りによるものと考えられる。それにしても、これまでにみてきた竹口栄斎・本居宣長・蒲生君平による聞き取りとは随分異なった内容である。

君平『山陵志』

蒲生君平は、『山陵志』で神武天皇陵を畝傍山東北の隅の「御陵山」とする説を主張する。これもすでに第一章2でみた通りである。これについて中条良蔵はどのように論じたのか。『書附』から引用する。

畝火山内の「御陵山」という場所を探したがわからなかった。山本村の役人や洞村の「穢多」に糺したが、（それらの人びとは）畝火山内にそのような地名は聞き伝えもない旨申し立てた。山本村の氏神の八幡宮から約一町半（約〇・一六キロメートル）東南の「字青木谷」の傍におよそ東西三町（約〇・三キロメートル）南北二町（約〇・二キロメートル）ばかりの平円の地形があり、これを指すのか。（『山陵志』は）「御陵山」は土地の人の口碑（伝承）とするが村人には聞き伝えもなく、『大和志』に「付会《ふかい》」（こじつけて関係をつけること）したものか。本当のことはわからないが畝火山の北に古い墓（「古墳」）と思われる地はこの外にはない。

この記述からは、中条良蔵の実地調査の様子をよく窺うことができる。山本村や洞村の人びとに聞き取りをして「御陵山」との地はないとの言を得て、かつそれと思われる「字青木谷」の傍の「平円の地形」を見付けたがこれについての聞き伝えもない、というのである。しかし君平とても『山陵志』で、「呼んで「御陵山」といい、「墳然と隆起」している」（第一章2を参照）と、その地名の呼称を具体的に記すのである。この中条良蔵の主張のみによって『山陵志』のこの部分の信憑性を否定することもできないのではないか。

君平が『山陵志』で神武天皇陵について述べたのは、右にみた部分だけではない。すでに第一章2でみた通りなので、ここではその反復を略して中条良蔵の反論のみをみることにする。かえってその方がわかりやすいと思われる。

・（『山陵志』に、）「山陵」と「廟」は俗に混用される等とあるが、「検地水帳」に田地の字に、「山陵」は「ミサンサイ」、「祠廟」の辺りは「ミヤノ東」または「ミヤノウシロ」、塚の辺りは「ツカノ坪」「ツカノワキ」と記し、(字の)名付け方に区別があった。

•(『山陵志』に、)ある年大水によって「祠廟」を大窪村へ遷した、とあるが、山本村や大窪(大久保)村、「地頭所」に、(それに関する)書面も申し伝えも一切ないという。

•「畝火山神宮文庫所蔵の古絵図」によると、神武天皇の「祠宮」は現在の場所に方位が相当し、(畝傍山中の洞村にある「御陵山」を神武天皇陵とする)君平著『山陵志』の説は信用し難い。

•(『多武峯記』にある)大窪寺については、『日本書紀』の天武天皇朱鳥《あかみとり》元年(六八六)八月一日条に「檜隈寺・軽寺・大窪寺各封百戸」とあり、もと大窪村の田地の字に「東金堂」「西金堂」「霊堂」「南堂垣内」「北堂垣内」「塔ノ垣内」「門田」「下庄」「寺内ノ北方」「寺堤」「家原田」「松原」「官ノ東方」「官ノ西方」「官ノ後」等とあり、同所西続の田地は四条村・小泉堂村領であったが、田の字に「南ノ不動」「北ノ不動」「寺内」「院田」「塚ノ坪」という所もあり、昔は大窪村の敷地で堂・塔・伽藍が備わった所で、(先の記述は)『多武峯記』に拠ったのであるから、天正(一五七三〜九二)の頃には(すでに)荒廃し(ていたが)貞元二年(九七七)にここに国源寺を造立し、開祖は多武峯八代目検校泰善で荒陵鎮祭して毎年三月十一日の国忌に法事を勤行していたがその後衰退したものか。


右の引用では、地名(字)の詳細な分析や「古絵図」の信憑性、『山陵志』にも引かれた『多武峯記』の説話と地名(字)の関連性といった奈良奉行所与力ならではの説得力のある議論が展開されている。そこにみえる中条良蔵の筆致は、あたかも『山陵志』に対抗するかのようである。

北浦定政の説

さて次には、『書附』から北浦定政の説について触れた部分を取り上げる。北浦定政（文化十四年〔一八一七〕～明治四年〔一八七一〕）は、藤堂藩の城和《じょうわ》奉行所（奈良市古市町）の掛け屋（大名への上納米の売却・出荷・送金をする商人）の鍵屋の子として生まれ、本居内遠《うちとお》に入門し、また中条良蔵の影響を受けて平城京の条坊や大和国の条里の研究に励むとともに、天皇陵の研究・修補に尽力した。蒲生君平著『山陵志』の影響も受け、嘉永元年（一八四八）六月に大和国の天皇陵について記した『打墨縄　大和国之部』を刊行している。文久の修陵でも力を発揮し、文久三年（一八六三）正月には藤堂藩士に列せられるとともに御陵御用掛とされた[9]。

なお『書附』の以下の部分には、北浦定政の名は記されているがその著作の名称は記載されていない。しかしそこに記されているのは『打墨縄　大和国之部』の記述と主旨は同じであり、中条良蔵はこれに反論したものであろう。まずはここで北浦定政のものとして『書附』に載せられた文章をみる。

（蒲生君平著）『山陵志』には、神武陵は畝火山の東北の嵎の洞村の上に呼んで「御陵山」というといわれるが、今洞村に行き尋ねると「御陵山」や「御霊山」等を知る人はいない。ただし洞村の上に「字丸山」とよぶ「古墳」がある〔古く「御陵」「御霊山」などとよんだのはこの「丸山」のことか〕。（その）側に神功皇后〔または太玉命、または生玉命〕の小社がある。〔これは「神武社」を後世「神功社」と伝え誤ったのか。この社の祭礼は九月十二日で神武天皇を畝火山の東北に葬った月日に当たる」（この）「丸山」は上古の陵制にかない『日本書紀』に「東北」とあるのにも『古事記』に「白樫の尾上」とあるのにもよくかなうので、（ここが）神武天皇陵であるのは明らかである。（〔　〕内は、北浦定政著『打墨縄　大和国之部』では割注の部分）

北浦定政は、自ら聞き取りを行ない、洞村の人びとは「御陵山」や「御霊山」については知らないと答えたものの、それでも洞村の上には「字丸山」とされる「古墳」があり、北浦定政はそこを神武天皇陵としたのである。そして近接する小社の祭日（九月十二日）に注目したまでは良かったが、早速中条良蔵の反論にあう。『書附』から引く。

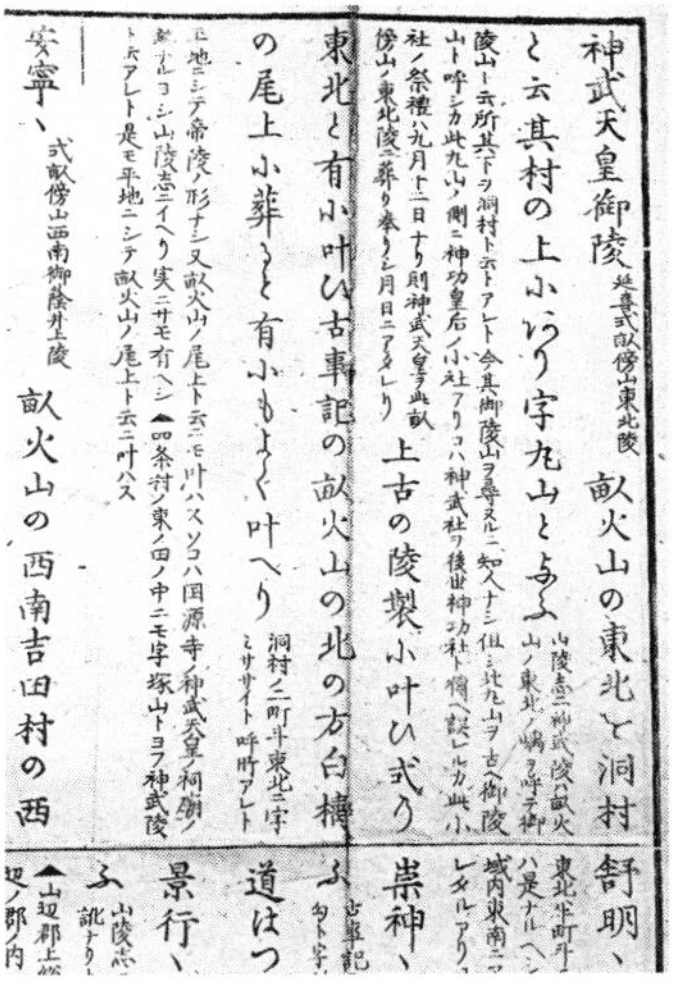
神武天皇御陵 延喜式畝傍山東北陵 畝火山の東北と洞村と云其村の上にいり宇丸山とよふ 山陵志ニ神武陵ハ畝火山ノ東北ノ隅ヲ呼テ御陵山ト云所其下ヲ洞村ト云ホトアレト今其御陵山ヲ尋ヌルニ知人ナシ但シ此丸山ヲ古ヘ御陵山ト呼シカ此丸山ノ側ニ神功皇后ノ小社アリコハ神武社ヲ後世神功社ト稱ヘ誤レルカ此小社ノ祭禮ハ九月十二日ナリ則神武天皇ヲ畝傍山ノ東北陵ニ葬リ奉リシ月日ニアタレリ 上古の陵製に叶ひ式の東北と有に叶ひ古事記の畝火山の北の方白檮の尾上に葬ると有にもよく叶へり 洞村ニ二町斗東北ニ字ミササイト呼所アレト平地ニシテ帝陵ノ形ナシ又畝火山ノ尾上ト云ニモ叶ハスソコハ国源寺ノ神武天皇ノ祠廟ノ跡ナルヘシト山陵志ニイヘリ実ニサモ有ヘシ◢四条村ノ東ノ田ノ中ニモ字塚山トヨフ神武陵トスアレト是モ平地ニシテ畝火山ノ尾上ト云ニ叶ハス
安寧、 式畝傍山西南御陰井上陵 畝火山の西南吉田村の西
舒明、 崇神、 道はつ 景行、 ふ

北浦定政著『打墨縄　大和国之部』（著者所蔵）

・「丸山」は山本村領山手小物成《こものなり》（雑税）高一石六升九勺の内で、同村枝郷洞村の「穢多」の住居から約五間（約九・〇メートル）余り離れた（所にあり、）高さ約四間（約七・二メートル）広さ約東西八間（約一四・五メートル）南北十二間（約二一・八メートル）（の土地）であって、山の根に鳥居のある小社がある。

・そこで「畝火神宮」神主の高市郡大谷村の播磨が今般（この）小社の神号を取り調べたところ、（この小社は）「生玉社」に違いなく、同社の棟札には「奉生玉明神造営息災延命福貴祈所也寛文八年（一六六八）申九月吉日願主敬白」云々とあり、近頃は「穢多」が信仰し、毎年九月十三日は畝傍神宮祭礼で郷中の村人共が野業を休み、「穢多」も同様に「生玉社」へ造酒・灯明等を献備して祭っているとのことである。

・それで、「畝火神宮」の相殿《あいどの》（同じ社殿に二柱以上の神を祀ること）に神功皇后を祭るので、他所からの参詣人の中にはこれを聞き伝え自らの推察で「生玉社」をみだりに「神功社」と間違っていうのかも知れないが、郷中・郷村では先年から今まで「生玉社」といい「神功社」とはいわないということである。

・（これは）棟札の神号と合致し、「神武社」を「神功社」と誤って伝えたことはなく、同社の祭日は九月十三日で神武帝が葬られた日とは違い、確かな証拠とはならないと存じ奉る。

『書附』は、北浦定政のいう「丸山」の側にある小社は、「畝火神宮」の神主の播磨の調査に拠れば「生玉社」に違いなく、棟札によってもそのことは証明される、とする。また、小社の祭日が神武天皇が陵に葬られた九月十二日とする北浦定政の説についても、中条良蔵は「畝火神宮」の祭日は九月十三日なのであり神武天皇が葬られた日とは違う（『日本書紀』が示す神武天皇の畝傍山東北陵への埋葬の月日は九月十二日）ことを指摘し、北浦定政の主張する「丸山」を神武天皇陵とする説を否定する。

さてこの「丸山」は、先にも述べた通り本居宣長や蒲生君平のいう「字加志《カシ》」や「御陵山」のことである。なぜこのように名称が違ってしまうのかについては不明だが、第五章2で触れることになる大沢清臣《すがおみ》は、明治十一年（一八七八）十一月に著した『畝傍山東北陵諸説弁』で「現在土地の人が皆そのようによぶ（「丸山」とよぶ）のでもないことを思えば、あるいは北浦定政が作った地名なのではないだろうか」とまでいうのである。[10] いずれにしてもこれ以降は、本居宣長や蒲生君平が「加志《カシ》」「御陵山」といっていた所は、専ら「丸山」とされるようになる。これに従って本書でもこれから後は主に「丸山」とするが、少なくともそれまでは「加志《カシ》」「御陵山」等といわれていたことについてはよく記憶しておくことにしたい。北浦定政については第四章2で改めて述べることになる。

3　結論は「神武田」（ミサンサイ）

「神武田」（ミサンサイ）説の主張

この後、いよいよ中条良蔵は神武天皇陵「神武田」（ミサンサイ）説に立脚した独自の議論を展開する。まず、年月の経過に伴なう地形の変化についてである。要は、『古事記』の「白檮尾上」との記述に山本村の「神武田」（ミサンサイ）の地が合致しないという当然あり得る批判への反論である。これについて中条良蔵は、天変や兵乱、そして開発によって地形の変化は大いにあり得ることなので、まして「人皇之初代」（神武天皇）から「当今《とうぎん》」（時の天皇のこと。ここでは孝明天皇）に及ぶ長い年月の間に、その位の変化が無かったとはいえないのではないか、という。

次いで、「古墳」（ここでは過去の貴人の墓の意）の名称あるいは地名をめぐって述べる。大和国の「帝陵」（天皇陵）については、「中山塚」「石塚」「段々冢」「冢之切」というが、山本村では「ミサンサイ」、四条村・小泉堂村では「塚山」、大窪（大久保）村では「桜見塚」といい、各々名称は違う。また、「ミサンサイ」というのは「御山陵」の訛であって「帝陵」のことをいう、とする。

地形は変化する

このうち地形の変化について、中条良蔵はさらに次のようにいう。

・上古神武天皇以前の大隅国の埃《えの》山陵（天津《あまつ》日《ひ》高《こ》彦《ひこ》火《ほの》瓊《に》瓊《に》杵《ぎ》尊《のみこと》陵）・高屋山上《たかやのやまのえの》陵（天津《あまつ》日《ひ》高《こ》彦《ひこ》火《ほ》火《ほ》出《で》見《みの》尊《みこと》陵）・吾《あ》平《ひら》山上陵（天津《あまつ》日《ひ》高《こ》彦《ひこ》波瀲《なぎさ》武《たけ》鸕《う》鷀《がや》草葺不合尊《ふきあえずのみこと》陵）は、いずれも「高大」の地所ということであるから、神武天皇を葬った時には「ミサンサイ」であった地も畝傍山の続の高丘にあったものが追々崩れて開地され、現在では平地同様の田畑・小丘・芝原になったのか。

・しかし約東西一町（約〇・一キロメートル）・南北二町（約〇・二キロメートル）の場所で、『延喜式』の兆域に合わせてみると、周囲の田地から際まで約二〜三尺（約〇・六〜〇・九メートル）土地が高く、殊に数十年来村人の「恐怖」の場所であり、その傍の小さな川は神武田川とも称され、上古畝火山から塚山までも尾のように裳《もすそ》（上代に腰から下につけた衣服）が出て、白檮《（樫）》の樹が茂るので字を「白檮尾上」と称し、東西両側は洞苔《ほらごけ》・洞水等で窪み、丘峰を東西の二方に毀《こわ》し取り、西は田畑があり東は堂・塔・伽藍が建立され、低い土地なので大窪寺と称したのか。

ここに「殊に数十年来村人の「恐怖」の場所」というのは、すでに第二章2でみた川路聖謨の『寧府紀事』嘉永二年（一八四九）正月晦日条の記載や、いまみている『書附』からの引用でもすでにみた中条良蔵が山本村の役人から聞き取った伝承（本章1を参照）のことである。そして以降、国源寺や、畝火神宮所蔵の「古絵図」にみえる満願院の盛衰についての記述等、さらには神武天皇皇后の媛蹈鞴五十鈴媛命陵の所在地についての見通し等までが続くがここでは省く。

このような、「神武田」（ミサンサイ）神武天皇陵説を述べるに当たっての地形・地名の解釈の方向性は、後出する谷森善臣（第四章2を参照）や大沢清臣（第五章2を参照）とよく通じるものがある。もちろん谷森善臣・大沢清臣とも、神武天皇陵を「神武田」（ミサンサイ）とする考え方に立っている。

「丸山」は「殯御殿」か

さらに中条良蔵は、「丸山」について次のようにいう。

また、畝火山内の「丸山」を洞村の「穢多」が伝えるには「御殿跡」とする。彼等のいうことではあるが、古人の口碑であるから好事家（「好事之もの」）の「虚説」から出て用いられることもある。かつ、神武天皇は在位七十六年の三月十一日に崩御し、翌年九月十二日に葬られ同日までは「丸山」に「殯《もがり》御殿」を造作し、御棺を安置した旧跡について略言して伝えたのであろうか。

ここにみえる「殯御殿」とは、わが国古代の葬送儀礼で遺骸を長期間安置する建造物のことで、殯《ひん》宮《きゅう》ともいう。中条良蔵は、洞村の人びとが「丸山」を「御殿跡」とすることについて述べるとともに、「好事家の「虚説」から出て用いられることもある」とも述べ、批判の矛先を事実上本居宣長や蒲生君平、また北浦定政に向けている。

「札の場所縄引」

さて、次の部分は安政二年（一八五五）当時の「丸山」についての貴重な証言である。

今般「丸山」の頂上の一畝二十六歩二厘五毛の内小物成《こものなり》の高の内三合八勺七銭は「札の場所縄引」としておいた。追って竹垣を仰せつけられよう。

これは、この『書附』が著されるまでの間に「丸山」に相応の保存措置が講じられたことを示すものである。もちろん、中条良蔵が独断でしたことではあり得ない。「丸山」の頂上の一畝二十六歩二厘五毛の内の小物成の高の内三合八勺七銭は「札の場所縄引」としておいたというのは、縄を張ってその部分を区画したということであろう。いずれにしても「丸山」には他の場所とは異なる措置が、そこが神武天皇の「殯御殿」かあるいは何らかの関連する地と考えられることを理由として施されたのである。

祭祀への見通し

『書附』も終盤である。いよいよ、新たな神武天皇陵での恒久的な祭祀へ向けての構想が主題となる。以下の通りである。

・この度「神武帝陵内か」との御沙汰があった「ミサンサイ」または「神武田」と称する地は、「(神武天皇の)御尊骸」を葬った「御山陵」とみられ、「ミサンサイ」の地を「御神体」として畝火山の浄土で鎮祭《ちんさい》(神を祀りその土地をしずめること)させ、中央の高さ二間ばかりに「積立」て桜木を植え、その廻りは「筋練塀」にしてその前に「黒木鳥居」と土堤の「御拝所」を取り建て、兆域は東西一町(約〇・一キロメートル)・南北二町(約〇・二キロメートル)に取り極めて生垣で囲むことになるものと存じ奉る。

・神主は白川《しらかわ》・吉田両家の内に人選を仰せ付け、右の境内に「神主宅」を取り立て聊《いささ》かでも御扶持米も下されれば「相続」(地位などを受け継ぐこと)もできると存じ奉る。

・「ミサンサイ」等の地は神保三千次郎の知行所であり、御引上げの上は御料所の内から代地にても下されるかにつき同人への御達についてお申し上げになることと存じ奉る。

右は、今後なされることになるであろう神武天皇陵への祭祀のための体制の整備についての具体的な言及である。

翻って嘉永六年(一八五三)十二月の時点に遡ってみても、孝明天皇の意思は、神武天皇陵の場所を改めることとそこに「初穂」を捧げることの双方にわたっていた。これは、天皇陵とは天皇によって祭祀され続けてこそ意味があるということを前提として、はじめて成り立つことである。そしてそれを実現させるためには、それに相応しいだけの施設・設備が必須なのである。ここでは、それを恒久的に継続させるための条件の整備が、「御神体」「黒木鳥居」「御拝所」から神職の人選、「神主宅」の建設そして「相続」、さらには領主への代地に至るまで余す所なく述べ尽くされている。『書附』がそこまで述べているということは、奈良奉行が与力中条良蔵に対してそこまでの調査を要求していたということでもあり、このことを更に突き詰めれば、それだけ事態は切迫していたということでもあろう。

この『書附』を総じてみて気付かされるのは、中条良蔵にとっての洞村の「丸山」の存在の大きさである。見方をかえれば『書附』は、本居宣長や蒲生君平そして北浦定政が主張した洞村の「丸山」が神武天皇陵ではないことを証明するためのものといって良いとさえ思われる。

さて、『書附』が成ったのは先にも述べたように安政二年（一八五五）四月である。このすぐ後には、神武天皇陵が四条村の「塚山」から山本村の「神武田」（ミサンサイ）に改められるとともに、新たな神武天皇陵の完成に向けての大掛かりな普請が着手され、そこでの継続した祭祀の実現へ向けての手順が着々と進められるはずであったと思われるが、実際には神武天皇陵の場所が改められることに限ってすら、なお相当の年月の経過が必要であったのである。

第四章 文久の修陵

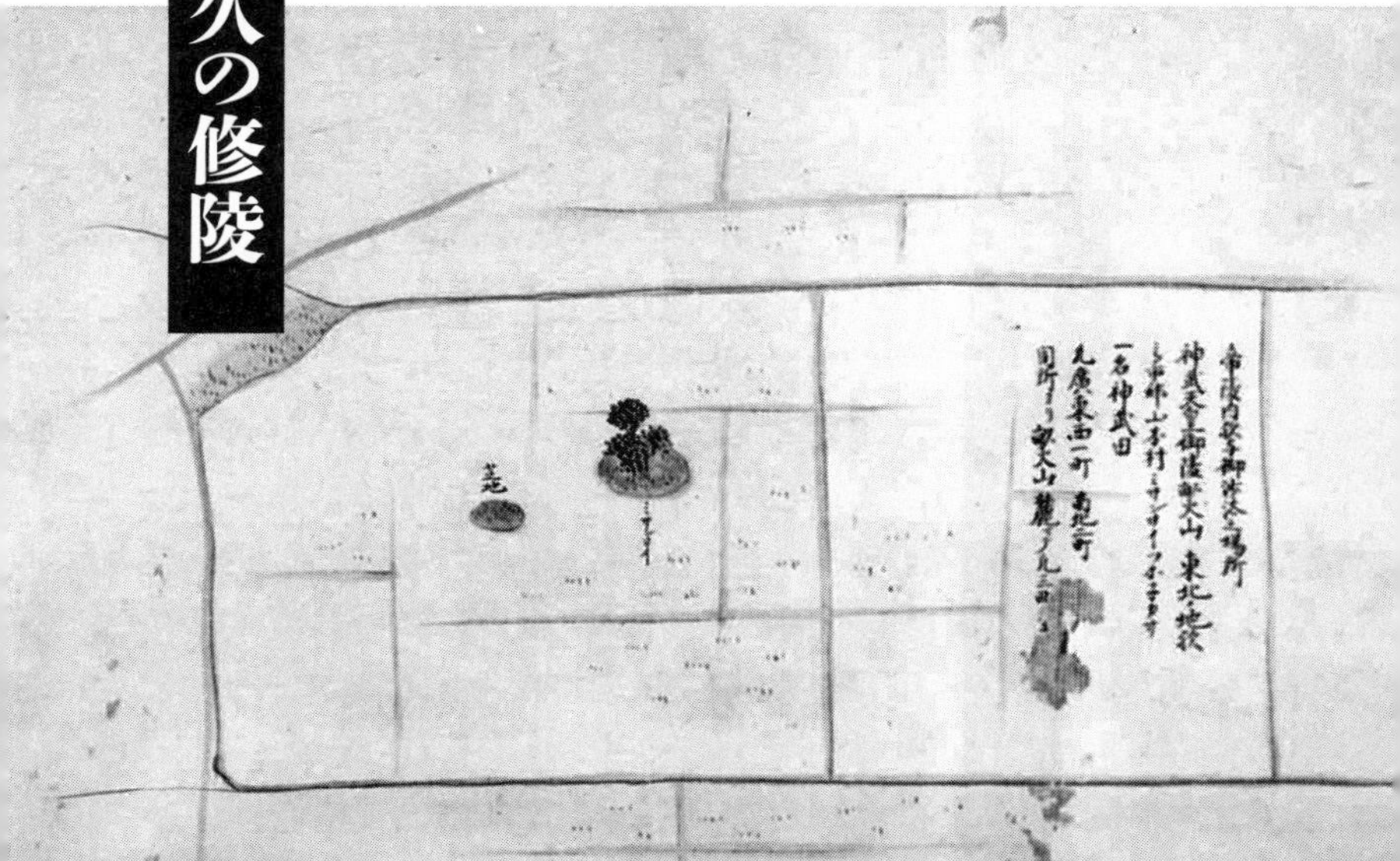

岡本桃里画「神武田」。『文久帝陵図』より。岡本桃里は大和の天皇陵の画を多く描いた。同図は文久の修陵以前の様子を示す。同画中には「帝陵内歟与御沙汰之場所　神武天皇御陵畝火山東北ノ地歟　高市郡山本村ミサンサイツホ子(ネ)カサ　一名神武田　凡広東西一町南北二町　同所ヨリ畝火山麓マテ凡三町（以下欠）」とある。宮内庁書陵部図書寮文庫所蔵

幕末期における陵墓をめぐる最も顕著な動向は、何といっても本章で取り上げる文久の修陵である。何しろ文久の修陵では、神武天皇以下歴代天皇陵の多くが修補されて鳥居・石灯籠等が配置された拝所が設けられたのである。

しかし第二章・第三章でもみたように、この文久の修陵が実現されるまでの道程は決して平坦なものではなかった。しかも修陵そのものの意味付けもまた、一貫したものではなくなっていったのである。

とかく文久の修陵は、大規模な天皇陵の普請がなされたことについてのみ注目が集まりがちであるが、本章ではそのような外観ばかりではなく、天皇陵についての意味付けやその変遷にも眼を向けることにしたい。

1　宇都宮藩戸田家の「建白」

七年半の空白

前章でみた中条良蔵による『書附』は、山本村の「神武田」（ミサンサイ）こそ新たに神武天皇陵とされることになる地として相応しいことを、能う限りの史料の提示と解釈によって立証し、かつその新たに造営された神武天皇陵において恒久的な祭祀がなされ得る見通しをも具体的に示したものである。

となれば次には当然『書附』は然るべく上申そして審議され、さらには朝廷・幕府間の協議を経た上で、「神武田」（ミサンサイ）において新たな神武天皇陵の造営が着手されるのが順序というものであろう。ところが実際にはそのようには進まなかった。事態は停滞してしまったのである。ようやく新たな展開がみられたのは、文久二年（一八六二）閏八月、つまり中条良蔵による『書附』が完成した安政二年（一八五五）四月から七年五ヵ月も経ってからのことであったのである。

いったいこの間に何があったのであろうか。そのことを直接に示す史料には恵まれないが、佐竹朋子氏は「幕末の修陵事業——朝廷側の視点から」（明治維新史学会『明治維新史研究』第四号〔二〇〇七年十二月〕）で、「井伊直弼の大老就任後、安政の大獄が始まり、幕府では斉昭、川路聖謨、浅野長祚、朝廷では、鷹司政通、三条実万等、修陵事業に積極的であった人々は、一斉に落飾・蟄居などを命じられ粛清された」[1]と指摘する。期を同じくしてこれだけの関係者が「落飾・蟄居」等となってしまったのでは、確かに事態は深刻である。

ただしこの間の事情を語る史料としては、すでに第二章1でみた岡谷繁実著『続名将言行録』の「徳川斉昭」の項の記載がある。つまりこの際斉昭は、宇都宮藩戸田家家老間瀬《まなせ》和三郎（後の戸田忠《ただ》至《ゆき》）と館林藩主秋元但馬守志朝《ゆきとも》に後事を託したというのである。これについてはその裏付けのための検証がなお必要であるが、もしそうだとすれば以下に述べる宇都宮藩戸田家による「建白」の淵源はこの斉昭による動向に求められることになる。

戸田忠恕の「建白」

次にみるのは、文久二年（一八六二）閏八月八日に宇都宮藩主の戸田忠恕《ただゆき》（弘化四年〔一八四七〕〜慶応四年〔一八六八〕）が幕府に奉った修陵事業に関する「建白」である。それまでの修陵へ向けての動向に全く関与してこなかった宇都宮藩戸田家が、いったい何を建白しようというのであろうか。その冒頭は次の通りである。中根雪江の手記『続再夢紀事』（『日本史籍協会叢書106続再夢紀事』〔大正十年八月、日本史籍協会（昭和四十九年一月に東京大学出版会より覆刻）〕）から引用する。

この度国政について忌憚なく申し上げるように厚く仰せ出され、有難き次第に存じ奉り、謹んで言上する。[2]

「忌憚なく申し上げるように」ということなので言上する、というのである。あくまで慎重な姿勢を保ちつつ、まず国内情勢についての認識を示す。

嘉永六年（一八五三）・安政元年（嘉永七、一八五四）以来、「夷人」が渡来し跋扈《ばっこ》（のさばり、はびこること）し、国内は不穏で未曽有の変事等が種々出来し、「叡慮《えいりょ》」（天皇のお考え）を悩ませられ、公辺（将軍家、幕府）も深く御心痛のことと誠に恐れ入り奉る。[3]

嘉永六年のペリー来航と翌年の日米和親条約締結以来の「外患」で、天皇・将軍ともにご心痛が絶えない、という。そこでどうすべきか。「建白」が述べる幕府による「夷人」への対応は、以下の通りである。

これまでの通り夷人の「跋扈」等は片時も御許容になってはいけないのではあるけれども、嘉永六年、安政元年以来「御親撫《しんぶ》」第一になされてきた。夷人を突然御打払にすることもできないのであるから、通商の利害を追々に仰せ諭された上で御謝絶になるべきで、この時に万一御教命に従わないことになれば「御掃攘」の御処置にもなるべきである。[4]

ここでいう「親撫」とは、親が子を慈《いつく》しむように将軍が「夷人」に平和的に接するということであろう。すなわち、今すぐにでも力ずくの「攘夷」を実行しようというのではないのである。そのうえでいよいよ「御陵」について持ち出す。

この忠孝の大節（守るべき重大な節義）を天下に示し御教導なされることの第一は、「天朝御代々様」の御陵の多くが「荒廃」しているのを古来の有志の者が「憂傷《ゆうしょう》」（憂い悲しむこと）していたことは兼々より承知していたので、「万乗《ばんじょう》」（天子の位。ここでは天皇のこと）の「玉体《ぎょくたい》」（天皇の身体）を納めさせられた所が「荒蕪《こうぶ》」（荒れ果てている様子）のままに置かれているのは誠に勿体なく、「恐懼悲傷《きょうくひしょう》」（恐れ悲しむこと）している。臣子の分にては一日も安心できないことと存じ奉る。殊に先般天朝より「御縁組」（和宮降嫁のこと）となった上は、なおさら御陵の修補を執行するように存じ奉る。右のようになれば、恐れながら今上皇帝（孝明天皇）には「追遠《ついえん》」（先祖への祭祀）莫大の「御孝道」となり、御当家（徳川家）には天皇に対する限りない「御忠節」が立ち、「官武御一和」の趣意はますます顕われる。[5]

「天朝御代々様の御陵」が「荒蕪」したままではよくない、御陵の修補が必要である、という。しかもその理由のひとつとして「天朝より御縁組」が挙げられている。つまり、孝明天皇にとって大きな「御孝道」になるばかりでなく、十四代将軍徳川家茂にとっても「天皇に対する限りない御忠節」となるというのである。

費用は戸田家

なぜ今、御陵の修補が必要なのか。「建白」はさらにその理由を挙げる。

かつ御陵の修補の事は鎌倉以来数百年絶えてなく、「御当家」（徳川家）に至って修補になれば、「千万年不朽」の「御盛功」であり、「御忠義」の道が立ち天朝の「御気色」（意向）に叶い、天下の人民一統有難く感戴し武威も無限に輝くと存じ奉る。これにより御陵の修補は強国の基であり「天下無双」（並ぶもののないこと）の一大事と存じ奉るので、近々御上洛前に修補を仰せ出されれば、必ず「御為筋《ためすじ》」（利益になる方法）（となる）と存じ奉る。[6]

戸田忠恕は、「御陵の修補の事」が「鎌倉以来数百年絶えてな」かったという。それが実現されれば、「千万年不朽の御盛功」であるともする。また、ここに「近々御上洛」というのは、いずれなされるであろう家茂の上洛のことをいっているのであろうか。だとすれば、御陵の修築事業がなされれば上洛の際の良い土産になる、というのである。

そしてさらに、大きな提案がなされる。

> 御普請の入用については、兼々申し上げている通り越前守（戸田忠恕）にて工夫をしたい。この節柄（最近の傾向）のことであるから、自分の艱難等を厭う心底は一切無い。何卒官武（朝廷と幕府）の「御為筋」に為し遂げたく存じ奉る。もっとも微力にて及ばない時はその節に願い奉る。[7]

費用は、総て宇都宮藩戸田家が負うというのである。実際には幕府による負担もあったものの宇都宮藩戸田家は後年この負担に苦しむことにもなるが、この「建白」からは修陵事業に賭ける意気込みをよく読み取ることができる。

以上にみたこの「建白」の要点をまとめれば、以下のようになるであろう。

・「夷人」の跋扈は孝明天皇を悩ませ、かつ国内を不穏にしている。

・御陵の修補は孝明天皇には先祖の祭祀となり、徳川家には忠節が立ち、強国の基礎ともなる。
・天朝よりの縁組（和宮の降嫁）となった以上は、なおさら修補をするべきである。
・費用は宇都宮藩戸田家が負担する。それでも不足する場合はその際に願い出る。

「建白」に欠けていること

この「建白」は、同じ文久二年閏八月十四日に幕府に聞き届けられた。[8] しかし先にも述べたように、宇都宮藩戸田家はこれまで天皇陵（ことに神武天皇陵）をめぐる動向には全く関与してこなかったのである。そのような宇都宮藩戸田家による「建白」は、どのような点でこれまでの天皇陵をめぐる動向と異なる点があるのであろうか。そのことについて考えるために、これまでの天皇陵をめぐる動向からすれば当然書かれているべき事柄がこの「建白」には欠けている部分があることに注目したい。以下の通りである。

・元禄期以来幕府によってなされてきた歴代天皇陵の修補等が、どのようなものであったのかということ。
・この度の天皇陵の修補へ向けての動向が、そもそも孝明天皇の攘夷の意思に端を発するものであり、ことに神武天皇陵への祭祀によって攘夷を実現しようとしていたということ。
・神武天皇陵については、幕府が神武天皇陵として管理している四条村の「塚山」ではなく、山本村の「神武田」（ミサンサイ）の地が真の神武天皇陵であるというのが孝明天皇の考えであり、同地に神武天皇陵を新たに造営するべくこれまで朝廷・幕府の間で手順が進められつつあったこと。

この三点が、およそ嘉永年間以降に朝幕間で取り沙汰されてきた天皇陵（主に神武天皇陵）に関する事柄の要点であることは、これまで本書でみてきたとおりである。それにもかかわらず、右の宇都宮藩戸田家による「建白」はこれらの三点については全く触れていないのである。つまりこの「建白」を角度を変えてみれば、嘉永年間以降の主として神武天皇陵をめぐる動向との訣別の決意を示したものと読むこともできるのである。

「建白」の性格

幕末における天皇陵をめぐる動向の発端は、孝明天皇による攘夷の実現のための神武天皇陵への祭祀の意思であった。しかしこの度の宇都宮藩戸田家による「建白」は修補の対象を歴代の天皇陵全般とするものであって、神武天皇陵のみに限ったものでもなく、神武天皇陵を特別視しようとするものですらもなくなっている。そもそもこの「建白」には、「神武」の文字はただの一度も出てこない。そして、御陵の修補の成功の暁には「官武御一和」が成就されるとは述べるが「攘夷」が実現されるとはいっていない。このことは確かに政治情勢の変化を反映してのことであるが、ここで神武天皇陵の修補の意味について振り返ってみれば、見事なまでの換骨奪胎《かんこつだったい》といわざるを得ないことは確かである。

といっても神武天皇陵には修補に際して金一万五千六十二両と銀一分二朱もの大金が費やされてい

るのも事実である。[9]これを総じて考えれば、「建白」の段階では神武天皇陵の看板は外すが、現実の局面にあっては他の陵に抜きん出た大規模な普請を施したということになるのであろうか。

結果としてみれば、この「建白」は、幕末期における歴代の天皇陵をめぐる動向における極めて大きな転換点であった。右に挙げた諸点を積み残しながらも、「建白」を発端として開始された文久の修陵は、莫大な労力・費用が投じられつつ、かつ宇都宮藩戸田家の政治的生命を賭けつつ完成した。

宇都宮藩は注意深く藩主戸田忠恕を文久の修陵の現実の局面に立たせることをせず、藩主戸田家の生まれでありながら家老間瀬家を相続していた間瀬和三郎（文化六年〔一八〇九〕～明治十六年〔一八八三〕）を戸田姓に復させた上で名も忠至と改め、山陵修補を専ら担当させることにした。[10]このような策を取らざるを得なかったのも、当時の政治情勢が著しく不安定なものであったことによるものなのであろう。

さてここで文久の修陵後の戸田忠至について先取りして言えば、慶応二年（一八六六）五月に、宇都宮藩主戸田忠恕から一万石を分知《ぶんち》（領地を分け与えられること）され、下野国高徳《たかとく》（栃木県日光市）に高徳藩を興して大名に列せられた。[11]まさに、文久の修陵の立役者というべきである。

2　孝明天皇の「御達」と神武天皇陵の「成功」

ふたつの『神武天皇御陵考』

文久の修陵は天皇陵全般を対象としたものであったのであるから、本書における叙述も以降はこれに従って歴代の天皇陵全般に対象を拡げて考えてゆくべきなのかもしれない。しかしやはりここでは『神武天皇の歴史学』との書名に従って、あくまでも神武天皇陵の問題に注目して論を進めることにしたい。むしろその方がこの時期の天皇陵のあり方が鮮明に浮かび上がってくるものと思われる。

そうすると事の順序からいえば、次には山本村の「神武田」（ミサンサイ）が真の神武天皇陵とされるための手順にかかるということになる。それは取りも直さず、孝明天皇自らの判断を仰ぐということである。どこが神武天皇陵であるかについて決定できるのは、孝明天皇を措いて他にはあり得ない。

その経緯については、次に示すA・B・Cの史料によって明らかにされる[12]。東京大学史料編纂所が所蔵する維新史料引継本「谷森（真男）家文書」から引く。そのうちCは、Bに対する反論をBに「付箋」として貼付したものであるが、ここではわかりやすくするためにCを独立した史料として扱った。

A　文久三年（一八六三）二月八日　谷森善臣『神武天皇御陵考[13]』
　　谷森善臣による「神武田」（ミサンサイ）を真の神武天皇陵とする説。

B　文久三年（一八六三）二月十一日　北浦定政『神武天皇御陵考[14]』
　　北浦定政による「丸山」を真の神武天皇陵とする説。

C　Bの「付箋[15]」

谷森善臣（矢部信太郎編「近代名士之面影　第１集」より）

Bへの谷森善臣による反論。

これをみてどのように思われたであろうか。孝明天皇の判断を仰ぐというのであれば、事前に充分準備なり根回しなりをした上で、ひとつの案のみを孝明天皇に提出するというのがまず思い浮かぶ手順ではなかろうか。もちろん複数の案からひとつを選んでもらうということもあるであろう。しかしもしそうならば、その複数の案の中ならばどの案が孝明天皇に選ばれても良いというのであろうか。とは言え右のA・B・Cをみると、ここに示されている案はふたつのみであり、しかも、示された二案のうち一方の案の作成者（谷森善臣）にはもう一方の案について反論の機会が与えられているが、そのもう一方の案の作成者（北浦定政）にはもう一方の案についての反論の機会が与えられていない。このような何ともいびつな手順が、神武天皇陵を山本村の「神武田」（ミサンサイ）に最終的に決めようとする際に取られたのである。

谷森善臣の説

以下、A・B・Cについて順にみることにする。

A・Cを著した谷森善臣（文化十四年〔一八一七〕～明治四十四年〔一九一一〕）は、京都の公家の名門である三条西《さんじょうにし》家の侍臣の家に生まれ、嘉永四年（一八五一）七月二十日の「自序」がある陵墓に関する史料・記録類を収めた『諸陵徴』や安政二年（一八五五）の「凡例」がある『諸陵説』を著し、文久の修陵に際しては山陵奉行となった戸田忠至のもとで陵墓の取り調べに従事した。いわば、文久の修陵での天皇陵の所在地をめぐる考証面の中心人物である。

そして谷森善臣は文久年間以前から神武天皇陵「神武田」（ミサンサイ）説を唱えていた。例えば善臣による天皇陵巡検の際の記録である『藺笠《いがさ》のしづく』は、その安政四年（一八五七）三月二十二日条で「神武田」（ミサンサイ）について、「こここそが本当の神武天皇畝傍山東北陵であることだ[16]」と述べる。

それでは、Aの谷森善臣著『神武天皇御陵考』を見よう。谷森善臣は当然「神武田」（ミサンサイ）説を主張する。そこでは「神武田」（ミサンサイ）が「霊威」の地であるとする出来事について述べる。奈良奉行与力の中条良蔵も『書附』で取り上げていた出来事である。この出来事は「神武田」（ミサンサイ）が神武天皇陵であることを論じるためには、それほど相応しい出来事なのであろうか。そして四条村の「塚山」が元禄十年（一六九七）に幕府によって神武天皇陵とされたことについては、「どうしたことなのであろうか」と露骨に不満の意を述べる。

注目すべきは次の部分である。ここで谷森善臣は、第一章2と第三章2でみた本居宣長と蒲生君平の説を強い調子で批判する。

・ある人（「或人」）が『古事記』に神武天皇陵が畝火山北方の「白檮尾上」にあると記し四条村の

「塚山」を疑ってから「異説」が起こり、あるいは（「或ハ」）畝火山北手の生玉社の傍の「丸山」あるいは「御殿山」ともいう所を神武天皇陵とし、甚だしくは同所の「カシ」または「御陵山」もある等との誤った説も出て来た。みな詳しく考えない物好きの飾り言葉（「好事《こうず》之飾辞」）である。

・また「白檮尾上」の地勢の転変の事も中条良蔵の『書附』に書かれている。今里人に尋ね合わせても大体『書附』と違わない。

・「白檮尾上」というのは千年以上前に「上古」の「旧辞」を「撰録《せんろく》」（文章にして記録すること）させた『古事記』の文言で、その八年後の『日本書紀』には「畝傍山東北陵」とあり「白檮尾上」とはない。よく考えると「白檮尾上」は「白檮《かし》の尾上《おのうえ》」と読むのは間違いで、古点（主に室町以前の古注の解釈により施した訓点）のまま「白檮《かし》尾《お》の上《うえ》」と読む。つまり「白檮尾《カシオ》」は地名で、特に高い山の尾の上との意ではない。

右の引用の冒頭にみえる「或人」とは明らかに本居宣長であり、「或ハ」というのは、本居宣長が著した『古事記伝』にある『古事記』にある神武天皇陵の所在地についての「白檮尾上」との記述を「白檮《かし》の尾上《おのうえ》」と読むとする説である。谷森善臣はこれを、「詳しく考えない物好きの飾り言葉である」と口を極めて攻撃する。そして、谷森善臣は中条良蔵著『書附』に全面的な賛意を表明する。

次いで、谷森善臣は宣長・君平が主張する「丸山」あるいは「御殿山」また「カシ」「御陵山」について里人に尋ね古図等をみてもそのような地名はなく、これについては中条良蔵の『書附』にも詳しい、とする。

そして谷森善臣は、三点にわたって自説を展開する。引用する。

第一点

「ミサンサイ」[17]は現在畠地であるがそれでも字を「ミサンサイ」という。「ミサンサイ」は「ミサヽキ」の「音便語」で「御陵《ミサヽキ》」の意である。畝火山東北の近くで「御陵《ミサヽキ》」と称えてきたものが神武天皇陵でなくて何帝の陵か。二千年以上を経て陵形は甚だ荒廃しても里人の「口碑」（伝承）は謬《あやま》らない。これが第一の証拠であるのを（蒲生君平著）『山陵志』が「ミサンサイ」を「御祠廟」の跡として、「山陵と廟は俗に混同し今日神武田を「美佐々岐《みさゝき》」と呼ぶのはそこにかつて廟があったからである」とするのは、よく考えていない説である。

第二点

この「ミサンサイ」という畠は約一町四方あり、そこに連なって字を「ツホネガサ」（ここでは「ツホネガサ」（傍点引用者）となっている）という田畠はやはり約一町四方ある。この二ヵ所の辺りを合わせて「神武田」というのであれば、「ミサンサイ」も「神武田」も里人の「口伝」（伝承）に明らか（「分明」）である上、その四方の境界（「四至」）が『延喜式』に東西一町南北二町とするのによく合う。

第三点

（建久八年〔一一九七〕に）僧静胤《せいいん》が記した『多武峯略記』に旧記を引用して「国源寺は高市郡の畝火山東北にあり天延二年（九七四）三月十一日早朝に検校泰善がその地を通ったところ人がい

て、泰善に告げて「師はこの地で国家の栄福の為に一乗を講ぜよ」といい、泰善は問うて「あなたの姓名は何で住所はどこか」と尋ね、答えて「我は人皇の第一の国主であり常にここに住む」と言い終わると見えなくなった。それで泰善は毎年三月十一日にその地に行って法華を講じた。貞元二年（九七七）に国守の藤原国光はこれを聞いて方丈の堂を建て観音像を安置し永く当寺の末寺とした」とあるように、神武天皇のために建立した寺の跡等が「ミサンサイ」の地に連なっていた（ことが地名からわかる）。

「第一点」では、字「ミサンサイ」との地名は陵を示すものであって「御祠廟」を示すものではないこと、「第二点」では「神武田」を構成する字「ミサンサイ」と字「ツホネカサ」との合計の面積が『延喜式』の示す（神武天皇陵の）面積に合致すること、「第三点」では、『多武峯略記』にみえる説話を引いて、「字ミサンサイ」が神武天皇陵であることの根拠とする。

北浦定政の説

次には、Bの北浦定政の「丸山」説である。北浦定政の「丸山」説が孝明天皇に示されたのには、次のような経過があった。つまり、藤堂藩の北浦定政に「異論」があるというので、文久三年（一八六三）二月四日には山陵奉行戸田忠至から、朝廷の御沙汰により、藤堂藩城和奉行に北浦定政の神武天皇陵「丸山」説についての文書の提出が求められ、北浦定政は畝火山での調査の上同十一日には『神武天皇御陵考』と『畝火山図』を提出し、翌日には京都へ送られたのである。[18]

北浦定政は第三章2でもみたように蒲生君平の影響を受けて「丸山」説を唱えており、中条良蔵の『書附』ではそれに対する反論がなされていた。しかし、当然北浦定政が中条良蔵の「神武田」（ミサンサイ）説に納得した訳ではなかった。つまり、『古事記』の「畝火山之北方白檮尾上」、『日本書紀』の「畝傍山東北陵」、そして『延喜式』の「畝傍山東北陵兆域東西一町南北二町守戸五烟」との記載を根拠に「字丸山」を神武天皇陵とするとともに、山本村の「字ミサンサイ」「神武堂」「神武田」ともいう所については、蒲生君平著『山陵志』が国源寺の神武天皇の「祠廟」（社殿と霊廟）の跡とする説に賛同すると述べる。また、「畝火なる 白檮の尾上を 玉たすき かけてしのはぬ 日はなかりけり」との北浦定政自身による和歌が『神武天皇御陵考』には載せられている。

谷森善臣の反論

そして最後には、Bの北浦定政の説に対する谷森善臣による反論である。これがCである。

ここで谷森善臣は、北浦定政の「丸山」説に対して（もちろん「神武田」を「祠廟」の跡とする説も含めて）逐一反論するのであるが、問題はその内容よりも、その北浦定政の説に対する谷森善臣の反論までもが御所に差し出されるに至った経緯であろう。それは、戸田忠至が翌元治元年（文久四、一八六四）二月になって著した「神武天皇御陵御場所相違之儀藤堂藩より申出候節之答書」によって知ることができる。次の通りである。

先頃御普請の際谷森善臣に取り調べさせた所「別紙一の印」（A谷森善臣『神武天皇御陵考』）の通

り申し出たが、その際藤堂家家来北浦義助（定政）に「異論」があり「別紙二の印」（B北浦定政『神武天皇御陵考』）の通り申し出たので、谷森善臣にこの北浦定政の書面により尋ねた所、「二の印」の書面に「下ケ札《さげふだ》」（付箋）（C）により申し出たので、「一」「二」の書面を御所へ差上げ、後世「異論」が出ないように（孝明天皇の）「叡慮」でどちらでも決めて下さる様言上した。[19]

もともとは、谷森善臣の書面のみについて孝明天皇の「叡慮」を仰ぐことになっていたのが、北浦定政の「異論」が割って入ってきたというのが、戸田忠至の書きぶりである。やはりなお、「丸山」を真の神武天皇陵とする説は根強かったのである。それにしても、戸田忠至が抱いた「後世「異論」が出ないように」との懸念はまことにもっともであった。戸田忠至によるこの件についての進め方は、いかにも慎重であったのである。

孝明天皇の「御達」

それに対する孝明天皇の結論は、次にみる孝明天皇の「御達」に明らかである。右にみたA・B・Cの文書が孝明天皇に示された数日後のことであった。ここではまず原文のままみてみよう。

神武天皇御陵之儀神武田之方ニ御治定《じじょう》（決まること）被　仰出候事
尤丸山之方茂廉末ニ不相成様被　仰出候事
右二月十七日夜御達[20]

これを現代文で示せばこのようになる。

・神武天皇の御陵は「神武田」の方であると、（孝明天皇は）仰せ出《いだ》された。
・そうはいうものの、「丸山」の方も粗末にならないようにとも（孝明天皇は）仰せ出された。
・このように（文久三年〔一八六三〕二月十七日夜に「御達」があった。

この「「丸山」の方も粗末にならないように」というのは、孝明天皇の慎重な姿勢の反映のようにも思われる。もちろん「御達」の前提としては、「神武田」（ミサンサイ）説を述べる谷森善臣と「丸山」説を述べる北浦定政のふたりがそれぞれ『神武天皇御陵考』を著して提出したのであるから、孝明天皇が「神武田」の方との意思を明らかにするとしても、残る「丸山」説にもそれなりの配慮を行なうことはもちろんあり得ることである。

しかし本書でこれまで明らかにし得た範囲に限っても、朝廷ないし幕府が新たな神武天皇陵として考えていたのは明らかに山本村の「神武田」（ミサンサイ）であって、決して「丸山」ではない。「丸山」を天皇陵とする説は、竹口栄斎・本居宣長・蒲生君平によって学問の上での説として述べられてきたものであって、朝廷・幕府による神武天皇陵をめぐる動向ということでいえば全く問題とされてはいなかったのである。

そうであれば、ここに「丸山」について「粗末にならないように」と孝明天皇が述べるのも、それどころか、この段になって今更のように「神武田」（ミサンサイ）説とともに「丸山」説をも孝明天皇の最終的な判断を仰ぐ場に並べるというのも、よく考えてみればこそ、何とも不自然との印象を抱かざるを得ないのである。

このことについて考えるためには、文久の修陵における北浦定政についてよくみておかなくてはならない。すでに第三章2でみた通り、北浦定政は商人の子として生まれたものの、その後の文久三年（一八六三）正月には藤堂藩士とされ御陵御用掛となっていたのであった。山陵奉行のもとに一致して修陵事業を現実に遂行しようというのであれば、その内部にあっていわば「異説」が存するままということについては、何らかの決着をつけておく必要があったのではないか。

藤堂藩の配下にあって修陵事業に携わるということは、いってみれば山陵奉行の傘下に入るということでもある。修陵事業に十全な体制で臨むための手当てが、北浦定政が著した『神武天皇御陵考』が山陵奉行戸田忠至によって孝明天皇の御覧に供されることであり、その上で孝明天皇の意思によってこれが否定されることであり、さらにいえば、孝明天皇の「御達」に「「丸山」の方も粗末にならないように」との一行が付け加えられたことでもあったのではないか。そして再三いうようではあるがそのことの前提として、「丸山」説が決して消え去ったのではないどころかこれを支持する人びとのことを無視できないという現実があったことも忘れられてはならないのである。

神武天皇陵の「成功」

とはいうものの、いったん示された孝明天皇の「御達」である。文久三年二月二十二日には権中納言徳大寺実則等が神武天皇陵に遣わされ山陵修造が奉告されて、[21]その後「神武田」（ミサンサイ）における神武天皇陵造営に向けた普請は着手され、同年十一月二十八日には権中納言柳原光愛《みつなる》が完成の奉告のために「神武田」（ミサンサイ）の神武天皇陵に遣わされた。神武天皇陵の「成功」である。[22]

もっとも、この時点にあっても孝明天皇による神武天皇陵への祭祀の目的はあくまで攘夷に他ならない。同年三月二十四日には権中納言菊亭実順《さねあや》が神武天皇陵と神功皇后陵に遣わされるがその目指すところは攘夷の「成功」[23]であり、八月十三日には孝明天皇が大和行幸として神武天皇陵と春日社に攘夷の御拝の上暫く逗留し、親征して伊勢神宮にまで赴くことが議されている。しかしこの時点においては神武天皇陵は未だ「成功」していないのであるから、何ともちぐはぐな印象を免れ得ない。しかも、この計画はわずか五日後の八月十八日の政変によって停められたのであった。

『文久山陵図』

さて文久の修陵では、どのような普請がなされたのであろうか。それについては、普請の前後の様子を描いた絵図がある。『文久山陵図』と言われるもので、文久の修陵で修補されたすべての天皇陵について「荒蕪《こうぶ》」図・「成功」図を載せている。描いたのは、朝廷の御用絵師の鶴沢探真《つるさわたんしん》（天保五年〔一八三四〕〜明治二十六年〔一八九三〕）である。「荒蕪」図が普請の前、「成功」図が普請の後の様子を表したものである。ここで神武天皇陵についてみれば、「荒蕪」図に見える二つの小丘が「成功」図では拝所をはじめ荘重に整備された様子がよく描かれている。[24]これが確かに神武天皇陵の「成功」を描いた図であるのなら、これ以降この新たな神武天皇陵での継続的な祭祀はいつでも開始できる準備は整ったことになる。しかしながら神武天皇陵を含む天皇陵全般についての祭祀は機会に応じたその都度の臨時のものがなされたのに過ぎないのであって、継続的・恒常的な祭祀が検討され実施されるに至ったのは、明治三年（一八七〇）十一月二十八日「御追祭定則」を待たなければならなかった。[25]

「埋碑」

ここで、神武天皇陵の「成功」から後のことにはなるが、興味深い動向があったので指摘しておきたい。それは慶応元年（一八六五）五月七日に、神武天皇陵の「御陵面ノ右側中央土手下」に神武天皇陵の「成功」を記念して埋められた石碑（以下「埋碑」という）に関連することである。

この「埋碑」は、全四面のうち三面には神武天皇陵の普請に功績のあった人びとの姓名を刻し、残る一面には、神武天皇陵の「成功」を記念する谷森善臣による文章とやはり谷森による「みささきのみたままつりし そのかみの あとをおこして ちよもいははむ」との和歌が刻されている。この「埋碑」は後に評判となったらしく、その模刻ともいうべきものが何種類か作成されて世に出回ることになった。[26]とはいえ、「埋碑」であるから神武天皇陵に赴いても当然埋められていて碑の現物を見ることなどできない。であるから、この「埋碑」のことが一般に知られたのはその拓本によってのことと思われる。決して実物を見る機会などない碑そのものもさることながら、その拓本が評判になるなどまことに興味の尽きない動向である。「埋碑」については、第六章1と第七章1でも触れることになる。（一八〇ページ写真参照）

鶴沢探真画『文久山陵図』「神武帝畝傍山東北陵　荒蕪」（国立公文書館内閣文庫所蔵『御陵画帖』より）

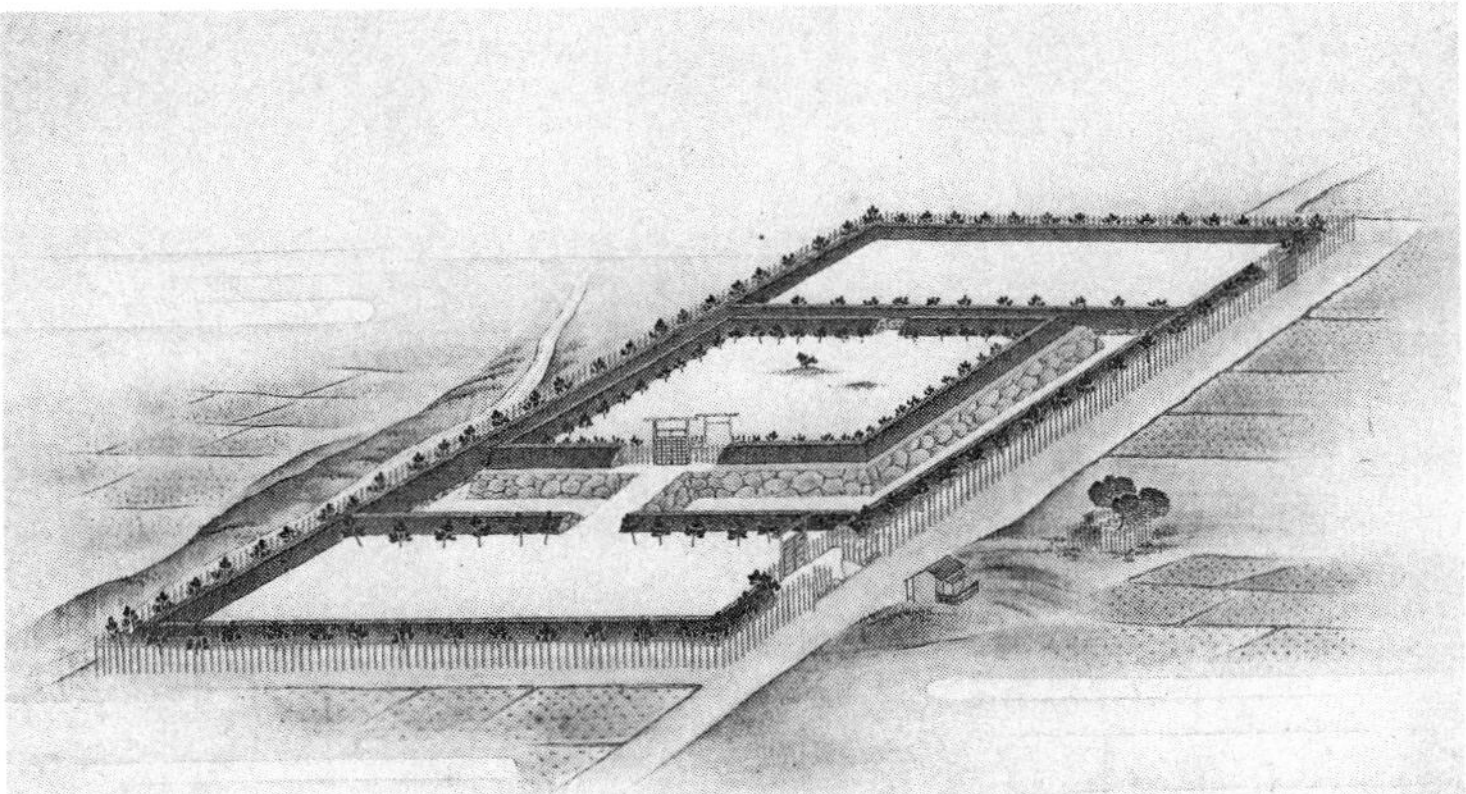

鶴沢探真画『文久山陵図』「神武帝畝傍山東北陵　成功」（国立公文書館内閣文庫所蔵『御陵画帖』より）
『御陵画帖』は内閣文庫による標題であるが、ほぼ同内容の史料が『文久山陵図』として宮内庁書陵部図書寮文庫にある。上の２点の図は前者のものであるが、後者の標題の方が余程良く内容を反映しており、本書では後者によった

ともあれここに神武天皇陵の修補は「成功」した。それは、まさに『古事記』『日本書紀』が述べる初代天皇の陵として誰しもが認める所となることを目指してのことであった。

第五章

明治天皇の親祭

富岡鉄斎画「畝傍山御陵図」部分　京都国立博物館所蔵

1　神武天皇陵前での「告文」

「王政復古の大号令」と神武天皇

神武天皇陵が「成功」した三年後の慶応二年（一八六六）十二月二十五日、孝明天皇は結局、神武天皇陵の御拝は叶わぬまま三十六歳の若さで突如崩御し、その子睦仁《むつひと》が翌慶応三年正月九日に践祚《せんそ》した。明治天皇である。時に十六歳であった。

神武天皇をめぐる動向ということでいえば、その後に大きな展開があった。慶応三年十二月九日の「王政復古の大号令」である。これは、これまでの政治の枠組みのすべてを撤廃して全く新たな体制へ移行する大変革を実現しようとするもので、そこに掲げられた「王政復古」の具体的な説明が「神武創業ノ始ニ原《もと》ツキ」（原文の通り。但し傍点引用者）ということなのである。

幕末期において神武天皇が持ち出されたことの影響は大きい。何しろ、新しく樹立されようとしている国家体制のいわば旗印である。そうともなれば、その神武天皇の墓とされた神武天皇陵にも注目が集まるというのはむしろ当然である。

しかしまずは、「王政復古の大号令」を読むことから始めたい。『明治天皇紀』から引用する。

・内大臣の徳川慶喜に委任していた「大政」（天下の政治）の返上と将軍職の辞退が、この度きっぱりと聞き届けられた。

・そもそも嘉永六年（一八五三）（ペリーの浦賀来航）以来の未曽有の国難について、先帝（孝明天皇）が「宸襟《しんきん》」（天皇の心）を何年も悩ませていたことは人びとのよく知るところである。

・これによって（明治）天皇の考えは決せられ、「王政復古」「国威挽回」を基本に立たせられ、これまでの摂政・関白や幕府等は廃絶し、今からは仮に総裁・議定・参与の三職を置いて、「万機《ばんき》」（政治上の事柄）を行ない、すべては神武天皇の創業の始めに基づいて「搢紳《しんしん》」（官位の高い人）・「武弁《ぶべん》」（武士）・「堂上《どうじょう》」（殿上人）・「地下《じげ》」（庶民）といった区別なく、「至当《しとう》ノ公議《こうぎ》」（最も道理にかなった公平な議論）を尽くして、「天下」（国全体）と喜びも悲しみも同じくするという（ことが明治天皇の）考えなので、各人はよく勤め励み、これまでの驕《おご》りや怠けといった良くない習わしを捨てて、「尽忠報国《じんちゅうほうこく》」（忠義を尽くして国家に報いること）の真心を以て奉公をすることである。[1]

（傍点引用者）

主旨は明瞭である。これまでの摂政・関白等や幕府を廃して暫定的に総裁・議定・参与を置くのが明治天皇の考えであって、それは「神武天皇の創業の始め」に基づいてのことというのである。ところが、神武天皇の何たるかについての説明やここで神武天皇が持ち出された理由についての言及は一切ない。ただ「神武天皇」というだけで、『古事記』『日本書紀』における神武天皇をめぐる一連の物語が想起されるのに充分であったとは到底思われないのであるが、いかがであろうか。

「徴兵告諭」「軍人勅諭」「金鵄勲章」

金鵄勲章

　また、その後の新政府による軍制の整備の過程にあっても神武天皇は最大限に強調された。明治五年（一八七二）十一月二十八日の「徴兵告諭」は、わが国の軍制を説くはじめに「抑《そもそも》神武天皇は珍《うず》彦《ひこ》（椎根《しいね》津《つ》彦《ひこ》）を以て葛城の国造となせしより、爾後軍団を設け衛士防人の制を定め」[2]（カタカナ交じり文をひらかな交じり文に改めた。傍点引用者）と述べ、明治十五年（一八八二）一月四日の「軍人勅諭」は、「我国《わがくに》の軍隊《ぐんたい》は、世々《よゝ》天皇《てんわう》の統率《とうそつ》し給《たま》ふ所《ところ》にぞある。昔《むかし》神《じん》武《む》天皇《てんわう》躬《み》づから大伴物部《おほとものゝべ》の兵《つはもの》どもを率《ひき》ゐ、中国《なかつくに》（中央にある国）のまつろはぬものどもを討《う》ち平《たひら》げ給《たま》ひ、高御《たかみ》座《くら》に即《つ》かせられて、天下《あめのした》しろしめし給《たま》ひしより、二千五百有余《いうよ》年《ねん》を経《へ》ぬ」[3]（ルビを含めて原文のママ、傍点引用者）とする。以降神武天皇は、わが国初の軍隊を発足させかつ統率した存在として位置付けられるに至る。

　さらに明治二十三年（一八九〇）二月十一日の紀元節には「金鵄勲章《きんしくんしょう》創設ノ詔」が発せられ「武功抜群」の軍人が賞せられることになった。「金鵄」とは、『日本書紀』の神武天皇と長髄彦《ながすねひこ》との戦に鵄《とび》が飛来して神武天皇を助けたとの記述によるものである。また、四年後の明治二十七年（一八九四）九月二十九日には「金鵄勲章年金令」も制定されている。

明治十年の行幸

さて、神武天皇陵に話を戻そう。先にも述べたように孝明天皇はその崩御に至るまで「神武田」（ミサンサイ）に造営された神武天皇陵を目にすることも親祭することもなかったが、その後を承けた明治天皇によって、明治十年（一八七七）二月十一日の紀元節にその神武天皇陵で親祭がなされた。この行幸《ぎょうこう》（天皇の外出）は、明治十年の「大和国ならびに京都行幸」といわれる。時に明治天皇は二十六歳である。

明治天皇が東京仮御所を出立したのは同年一月二十四日である。つまり、それから神武天皇陵で告《こう》文《もん》（神に申し上げることばを記した文章）を奏するまでに十八日を要したことになる。明治天皇はまず新橋停車場から横浜停車場に至り、高雄丸にていったん鳥羽に上陸し宿泊の後再び海路にて神戸に渡り京都に赴き、三十日には孝明天皇後月輪東山陵《のちのつきのわのひがしのみささぎ》（京都市東山区）で孝明天皇十年式年祭を親祭した。すでにみたように孝明天皇が崩御したのは慶応二年（一八六六）十二月二十五日であるから、その孝明天皇の十年祭が明治九年（一八七六）でなくその翌年の明治十年であり、月日も十二月二十五日ではなく一月三十日であるというのは一見不可解に思われるかも知れない。しかしこれは、孝明天皇が崩御した月日である十二月二十五日を新暦に求めると年を

明治５年、21歳の明治天皇。内田九一撮影

またいだ翌年の一月三十日に当たるという事情があることによる。

京都に着いてからしばらくは明治天皇は各方面の視察等をしていたが、二月七日には奈良に向かった。『明治天皇紀』同日条はこれについて「紀元節の佳辰《かしん》（よい日）を以て神武天皇畝傍山東北陵を拝したまはんとし、大和国に幸す」[4]とする。明治天皇が奈良に向かった最大の目的は、紀元節における神武天皇陵での親祭であったのである。終章で詳しくみることになるが、紀元節とは『古事記』『日本書紀』にみえる神武天皇が橿原宮において自ら即位した日を、明治六年（一八七三）一月一日の太陽暦（新暦）の採用にあわせて太陽暦に換算して定められたもの（明治六年においては一月二十九日、翌年以降は二月十一日とされた）で祝日とされた。

紀元節の日の告文

その紀元節の前日には明治天皇は奈良から今井町（奈良県橿原市）に至り行在所《あんざいしょ》（天皇が一時滞在した際の宿泊所）の称念寺《しょうねんじ》に入り、紀元節の当日には神武天皇陵に赴き、御拝（天皇自らが拝礼すること）次いで告文が奏された。ここで、その告文の要旨を現代文でみることにしたい。やはり『明治天皇紀』から引く。

・中世頃から世が乱れたので、すべてが古い頃のようにならなくなり、神武天皇陵の祭祀も長い間廃れて来たので、前代（孝明天皇）の頃に御陵（神武天皇陵）が修繕された。
・自分（明治天皇）は畏くも明治の初めに高御座《たかみくら》を受け（皇位を継承し）て、偉大な政治を古代に戻しいろいろなことの廃れたものを興し、海外の国々とも通信（「交信」）を交わして新たな決まりも定め（国交・条約を結び）、官僚を従えて長い年月勤勉につくすには、恵みと慈しみにあふれる神武天皇のお気持ちに頼らなければならないことと恐れ尊ぶので、神武天皇陵の前で拝み斎《いつ》き奉ることを年来思い続けてきた。[5]

ここでは、前段の神武天皇陵の経緯についての説明よりも、後段にみられる海外の諸国とも交わるようになったこと等への言及が注目されるべきであろう。これを、第二章3でみた孝明天皇による「攘夷」の実現のための「祈念」の対象としての神武天皇陵の位置付けと較べれば、何たる変化かとただ驚くばかりである。

親祭を終えた明治天皇は称念寺に戻り、同日午後三時からは同寺本堂で古代宮廷で行なわれた吉野に伝わる国栖舞《くずまい》を、続いて三輪素麪《そうめん》の製造と器械等を天覧《てんらん》（天皇がご覧になること）した。さらに紀元節ということで、行幸に供奉の親王・諸臣や京都在留の供奉官等に酒肴を賜《たま》い、大和国葛上《かつじょう》郡朝町村（奈良県御所市）その他二箇村で掘り出した土器が天覧に供せられるとともにこれを献上させ、神武天皇陵修補の際には今井町民等の尽力が少なくなかったことを嘉《よみ》して（誉めたたえて）金三百円を賜い、神武天皇陵の敷地に編入された大久保村・山本村の一六〇戸と今井町の七三二戸に各二十五銭を賜った。また同夜今井町民等は「紅灯《こうとう》」（赤い灯火）をつなげて「幸」の文字を畝傍山に飾り天覧に供した。まさに、紀元節における神武天皇陵への明治天皇の親祭を核とする一大行事であった。

高屋丘陵・安閑天皇皇后春日山田皇女古市高屋陵、継体天皇皇女神前皇女の墓（以上羽曳野市）。奉幣使侍従堀河康隆。

２月14日　後醍醐天皇塔尾陵（吉野郡吉野町）。奉幣使式部寮七等出仕多田好問。

２月16日　仲哀天皇恵我長野西陵（藤井寺市）・仁徳天皇百舌鳥耳原中陵（堺市堺区）・履中天皇百舌鳥耳原南陵（同西区）・反正天皇百舌鳥耳原北陵（同堺区）・允恭天皇恵我長野北陵（藤井寺市）・清寧天皇河内坂門原陵および用明天皇皇子来目皇子墓（以上羽曳野市）。奉幣使式部寮七等出仕多田好問。

２月17日　土御門天皇金原陵（長岡京市）・桓武天皇皇后乙牟漏高畠陵（向日市）。奉幣使式部助丸岡莞爾。

２月18日　醍醐天皇後山科陵・朱雀天皇醍醐陵（以上京都市伏見区）・宇多天皇女御贈皇太后胤子小野陵（同山科区）・白河天皇皇后賢子・白河天皇皇女尊称皇后媞子内親王・同尊称皇后令子内親王の陵、および鳥羽天皇皇女禧子内親王（以上同伏見区）・霊元天皇皇子済深法親王の墓（同山科区）。奉幣使式部助丸岡莞爾。

２月20日　淳和天皇大原野西嶺上陵・光仁天皇夫人贈太皇太后新笠大枝陵（以上同西京区）。奉幣使式部助丸岡莞爾。

一条天皇円融寺北陵・後朱雀天皇円乗寺陵・後冷泉天皇円教寺陵・後三条天皇円宗寺陵・堀河天皇後円教寺陵（以上同右京区）および等持院真如寺内の後水尾天皇皇女等の墓（同北区）。奉幣使式部寮七等出仕多田好問。

２月21日　仁孝天皇例祭（代拝、侍従東園基愛。侍従高辻修長を弘化山陵〔仁孝山陵〕に参向させる）。宇多天皇大内山陵・鳥羽天皇皇后璋子の陵および仁和寺宮墓地の後陽成天皇皇子覚深法親王等の墓（以上京都市右京区）。奉幣使式部寮七等出仕多田好問。

４月３日　神武天皇例祭。清涼殿東庭にて遥拝。式部頭坊城俊政を奉幣使として神武天皇畝傍山東北陵に遣わす。

４月30日　皇太后、泉山に行啓。孝明天皇後月輪東山陵ならびに諸陵墓に御拝。

（６月19日）（神武天皇畝傍山東北陵ならびに近陵（荷前奉献の際に常幣のほか別貢幣を献じた天皇の近親者の陵）、すなわち後桃園天皇以下の天皇とその各皇后の山陵には連夜灯火を点じ、自余の山陵には御正辰および毎月一日に献灯させる。ついで飯豊天皇（飯豊青皇女）埴口丘陵・春日宮天皇（施基親王）田原西陵・岡宮天皇（草壁皇子）真弓丘陵・崇道天皇（早良親王）八嶋陵および陽光太上天皇（誠仁親王）泉涌寺の陵にも歴代山陵に準じて灯火を点ぜしめらる。）

（７月26日）（還幸のため、侍従長東久世通禧を孝明天皇後月輪東山陵（京都市東山区）に遣わし代拝せしめらる。）

典拠『明治天皇紀第四』（昭和45年８月、吉川弘文館）

註）

①（　）内の項目は、本文でみた明治10年の行幸における陵墓への御拝や奉幣使の差遣を示すものではないが、関連事項として掲載した。

②陵墓の名称等については、典拠とした『明治天皇紀第四』の綱文に従った。

表　明治10年（1877）の「大和国ならびに京都行幸」における陵墓への親祭・御拝・奉幣使差遣等

明治10年１月30日　孝明天皇後月輪東山陵（京都市東山区）に行幸、親祭（十年式年祭）。

２月１日　京都遣迎《けんごう》院内の霊元天皇皇子三宮の墓、その他清浄華院内・廬山寺内・大歓喜寺内等の皇妃・皇子女の墓（以上京都市上京区）。奉幣使式部助丸岡莞爾。

２月２日　花山天皇紙屋上陵（京都市北区）、その他般舟院内・華開院内（以上同上京区）・大徳寺内等に在る后妃・皇子女の陵墓（同北区）。奉幣使式部助丸岡莞爾。

陽成天皇神楽岡東陵・後一条天皇菩提樹院陵（以上同左京区）・花園天皇十楽院上陵、その他知恩院内・青蓮院内（以上同東山区）・聖護院内・南禅寺内（以上同左京区）等に在る后妃・皇子女の陵墓。奉幣使式部寮七等出仕多田好問。

２月３日　嵯峨天皇嵯峨山上陵・文徳天皇田邑陵・後嵯峨天皇・亀山天皇・後宇多天皇・後亀山天皇の陵、および後深草天皇皇女尊称皇后姈子内親王の陵・後鳥羽天皇皇女礼子内親王の墓（以上同右京区）。奉幣使式部助丸岡莞爾。

後二条天皇北白河陵および智恩寺内・曼殊院内等にある皇子女の墓（以上同左京区）。奉幣使侍従番長米田虎雄。

２月４日　天智天皇山科陵（同山科区）、後白河天皇・六条天皇・高倉天皇の陵（以上同東山区）および仁明天皇女御太皇太后順子後山階陵（同山科区）、妙法院内の後陽成天皇皇子等の墓（同東山区）。奉幣使侍従番長高崎正風。

仁明天皇深草陵・白河天皇成菩提院陵、安楽寿院内の鳥羽・近衛両天皇陵、安楽行院内の後深草・伏見・後伏見・後光厳・後円融・後小松・称光・後土御門・後柏原・後奈良・正親町・後陽成十二天皇の陵、崇光天皇大光明寺陵（以上同伏見区）。奉幣使式部助丸岡莞爾。

２月８日　後白河天皇皇子以仁王の墓（京都府木津川市）。奉幣使式部寮七等出仕多田好問。

２月９日　開化天皇春日率川坂上陵・聖武天皇佐保山南陵・平城天皇楊梅陵・仁徳天皇皇后磐之姫命平城坂上陵（以上奈良市）。奉幣使侍従堀河康隆。

元明天皇奈保山東陵・元正天皇奈保山西陵、および後陽成天皇皇子尊覚法親王・後水尾天皇皇子真敬法親王の墓（以上奈良市）。奉幣使式部寮七等出仕多田好問。

２月11日　神武天皇畝傍山東北陵（橿原市）に臨幸し御拝あり。御告文を奏す。

安寧天皇畝傍山西南御陰井上陵・懿徳天皇畝傍山南纖沙渓上陵（以上橿原市）。奉幣使侍従堀河康隆。

宣化天皇身狭桃花鳥坂上陵・宣化天皇皇后橘仲姫皇女身狭桃花鳥坂上陵（以上橿原市）。奉幣使式部寮七等出仕多田好問。

２月13日　雄略天皇丹比高鷲原陵（羽曳野市）を御拝。

応神天皇恵我藻伏岡陵（羽曳野市）・応神天皇皇后仲姫命陵（藤井寺市）・安閑天皇古市

掉尾を飾る筈だった「親祭」

ここで行幸全体の日程についてみておくことにしたい。そもそも神武天皇陵での親祭は、当初は行幸の掉尾《ちょうび》を飾る（最後を立派に締め括ること）位置付けをされていたのであり、その後同月十四日には、神戸港を出発し還幸《かんこう》（天皇が行幸先から帰ること）することになっていた。『明治天皇紀』同年二月七日条はこのことを述べた後で、京都府民の懇願により再び京都に戻って同月二十一日に還幸することとしたとする。しかし『明治天皇紀』はさらにこれに続けて、「西南の警報荐《しきり》に臻《いた》る」[6]（原文のまま）という。これは、「鹿児島での不穏な兆候の報告が頻りに届く」という意味で、西南戦争勃発の兆しが見え始めたということである。このような事態への対処のためには、本来なら一刻も早く行幸を切り上げて東京に戻るべき所ではあるが、すでに天皇によって定められた還幸の日程を変更したのでは人びとに疑念を抱かせることにもなるという意見もあった。結局、明治天皇が東京に戻ったのは七月三十日であった。

陵墓への奉幣使の差遣

さてここで指摘しておきたいことがある。行幸中の明治天皇による陵墓への奉幣《ほうへい》についてである。明治天皇はこの行幸中で、孝明天皇の十年祭と神武天皇陵の親祭をして陵墓の祭祀について事足れりとしたのではなかった。その途次においても機会を捉えては周辺の陵墓に奉幣使を差し遣わし、あるいは御拝をしたのである。

このうち奉幣使の差遣《さけん》（使者を遣《つか》わすこと）については、『明治天皇紀』明治十年一月二十八日条、つまりこの度の行幸で京都に着いた日の条に「尚沿道一里以内にある官国幣社竝《なら》びに山陵等に奉幣使を差遣することに定めたまへる」[7]とあることを参照すればよく理解できよう。「定めたまへる」とある以上、これは明治天皇の意思によるものということができる。[8]ただし『明治天皇紀』同年二月十三日条には「午前九時聖駕道明寺村を発して島泉村に到り、雄略天皇丹比高鷲原陵を御拝あらせられ」[9]とあり、雄略天皇陵を明治天皇が自ら拝礼したことを記す。

さて表「明治十年（一八七七）の「大和国ならびに京都行幸」における陵墓への親祭・御拝・奉幣使差遣等」は、この行幸において明治天皇が親祭し、あるいは御拝また奉幣使を差遣した陵墓を『明治天皇紀』の記述からまとめたものである。同表をみれば、明治天皇の行程にあわせて奉幣使が実に頻繁に遣わされた様子がまさに一目瞭然である。親祭のあった陵は孝明天皇陵と神武天皇陵、御拝のあった陵は雄略天皇陵、奉幣使が差遣された陵は実に六十八陵にものぼる。また同じく奉幣使が差遣されたのは、皇后等皇族全般の陵墓に及び、まさに枚挙に遑《いとま》がない。なおここに第二代綏靖《すいぜい》天皇陵への奉幣使の差遣がみられないのは、文久の修陵で神武天皇陵が四条村の「塚山」から山本村の「神武田」（ミサンサイ）へ改められた後、「塚山」はいずれの天皇陵としての治定もなく、いわば「そのまま」[10]の状態であったためである。「塚山」が綏靖天皇陵として治定されたのは、この翌年の明治十一年（一八七八）二月になってのことである。[11]

明治天皇にとっての天皇陵

わずか三ヵ月の間にこれほどの過密な日程で親祭・御拝や奉幣使差遣を行なった明治天皇である

が、そもそも天皇陵についてどのような考えを持っていたのであろうか。

次に引く『明治天皇紀』の明治四十一年(一九〇八)十一月十一日条は、明治天皇の神武天皇陵あるいは天皇陵一般についての考えをよく示すものと思われる。その頃明治天皇は、「奈良・兵庫両県行幸」の途次にあり、同月十日には静岡を発して陸軍大演習統監《とうかん》のために奈良に着し、翌十一日には演習地磯城《しき》郡耳成村の耳成山御野立所《みみなしやまおのだてしょ》(天皇が展望する野中の休息所)で演習を「統裁《とうさい》」(率いおさめること)したのである。

しかし、耳成山(奈良県橿原市木原町)といえば神武天皇陵まで幾ほどの道程でもない。これに際して、明治天皇による神武天皇陵の「親拝」(天皇が自ら拝礼すること)が取り沙汰されるのも自然な成り行きであろう。しかも先にも述べたように、神武天皇は「徴兵告諭」でも「軍人勅諭」でもわが国軍隊の創始者とされている。大演習に際しての「親拝」はまさに相応しいといえる。

これについて、明治天皇はどのように考えたのであろうか。『明治天皇紀』の同年十一月十一日条の綱文から引く。この時、明治天皇は五十七歳であった。

神武天皇陵は耳成山御野立所から遠くないので、御野立所に(明治天皇が)おいでになった際、ある者は「御親拝」があるのではないかと考え、侍臣(そばに仕える臣下)等は予め準備していたが、前日になっても(そのような)「綸命《りんめい》」(天皇の命令)はない。そこでお供の侍臣が「聖旨《せいし》」(天皇の考え)を伺ったところ、(明治天皇は)このようにおっしゃった。「何か用事のついでに天皇陵に拝するのは、恭《うやうや》しい礼とは言えない。「朕《ちん》」(天皇の自称)は今回は大演習の「統監」のためにここに来た。（神武天皇陵への）「参拝」は他の機会に改めてする」。侍臣は「惶懼《こうく》」（恐れおののくこと）したということである。[12]

明治天皇の考えは、天皇陵は何かのついでに「拝」するようなものではない、というものであった。もちろんこれは右のような前後の事情によってあらわれた言葉なのであって、明治天皇がこのことを他の人びとにも等しく要求したのかどうかはわからない。とは言え、天皇による天皇陵祭祀の重さをよく示す言葉であることは確かである。

2　富岡鉄斎・津久井清影の疑念と大沢清臣

鉄斎の幕末維新

ついに明治天皇みずからが神武天皇陵を親祭し、懸案だった神武天皇陵の所在地についての問題はいかにも決着したかのようである。しかし、「神武田」（ミサンサイ）に造営された神武天皇陵に納得しきれない人びとはまだあったのである。ここでは明治・大正を代表する文人画家である富岡鉄斎と、富岡鉄斎にそうした書簡を送った津久井清影（平塚瓢斎《ひょうさい》）、そして第四章2でみた神武天皇陵「神武田」（ミサンサイ）説を主張した谷森善臣を師とする大沢清臣《すがおみ》についてみてみよう。

富岡鉄斎（天保七年〔一八三六〕～大正十三年〔一九二四〕）といえば、自由奔放な画風と膨大な作品

富岡鉄斎

群で知られるが、元々は儒学や国学を修めた文人であり、本人も画家である以前に学者であると自ら考えていた。京都の商家に生まれ、富岡家の家学である石門心学のほか、岩垣月洲に儒学を、平田篤胤の門人大国隆正に国学を学んだ。幕末期は勤王思想に傾倒して各地を奔走し、維新後は石上《いそのかみ》神社（奈良県天理市）や大鳥神社（大阪府堺市）で神職を務めた。また立命館で教鞭をとるなど教育者としても尽力し、晩年まで帝室技芸員や帝国美術院会員として画壇での存在感は大きかった。また、百錬とも称した。

その鉄斎は、天皇陵についても深い関心を持っていた。明治七年（一八七四）六月には、鉄斎は北海道への旅に出発したが、途中東京では谷中の臨江寺（東京都台東区）の蒲生君平の墓に詣でている。翌明治八年（一八七五）夏には長野県伊那郡浪合《なみあい》村（下伊那郡阿智村浪合）の後醍醐天皇皇孫尹良《これなが》親王墓に接して関心を寄せ、明治三十六年（一九〇三）十月には再びこの地を訪れた。また明治九年（一八七六）五月には石上神社の少宮司に任ぜられ、その七月下旬には神武天皇陵をはじめとして幾多の天皇陵等を巡り（後述する）、同十一月には吉野等の南朝関係の墓等をも訪れたのである。[13]

そして本章1でみた明治十年の紀元節になされた明治天皇による神武天皇陵親拝との関連でいえば、その三日後の二月十四日に鉄斎は、堺県令税所篤《さいしょあつし》・大阪府知事渡邊昇等とともに堺県行在所にて明治天皇に拝謁した。[14]

津久井清影からの書簡

さてこのような経歴をもつ富岡鉄斎は、神武天皇陵についてどのような考えを持っていたのであろうか。次にみるのは、鉄斎に宛てた津久井清影の書簡の内容とそれについての鉄斎の感想である。鉄斎による「心おほへ」[15]は明治二年（一八六九）から同五年にかけての見聞録であるが、そこには次のような記述がある。

> （明治四年（一八七一））五月二日、津久井清願（影）からの書簡に、「畝傍山東北御陵（神武天皇陵）について、今でもなお、真陵の地と自分は決め兼ねている」と書かれていた。これは、「薩州某[16]」と同じ説である。思い出すままに書き出す。[17]

ここに見える「津久井清願」（傍点引用者）とは、津久井清影（寛政六年（一七九四）～明治八年（一八七五））のことであろう。[18]津久井清影は平塚飄斎ともいい、代々京都町奉行組与力の家に生まれ、文化三年（一八〇六）には同与力見習、天保五年（一八三四）には同与力となったが、後世にはむしろ天皇陵研究家として知られる。著作としては、ともに津久井清影として著した『首註《しゅちゅう》　陵墓一隅抄《りょうぼいちぐうしょう》』（嘉永七年（一八五四）正月）・『聖蹟図志』（同年十一月）等が挙げられる。すでに第二章3でみた三条実万の内命によって発足した山陵会に加わっている。[19]

『首註陵墓一隅抄』と『聖蹟図志』

その津久井清影が明治四年（一八七一）五月に富岡鉄斎に書簡を送り、そこには神武天皇陵について「今でもなお、真陵の地と自分は決め兼ねている」とあったというのである。これは明らかに、自分（津久井清影）は山本村の「神武田」（ミサンサイ）に新たに造営された神武天皇陵を真の神武天皇陵とは納得できていない、という意味に他ならない。文久の修陵で神武天皇陵が造営されてすでに八年が経った時点のことである。これをどのように解したら良いのであろうか。以下、津久井清影の神武天皇陵についての考えをその著作からみていこう。

まず、『首註陵墓一隅抄』（著者所蔵）からみる。そこでは「畝傍山東北陵」（神武天皇陵）について「畝傍橿原《カシハラ》ノ宮（古址高市郡畝火村）の神武天皇の治世の頃のもので、大和国高市郡（にあり）（山本村領の田の間に「字御陵」とその周りをめぐる田を「神武田」と称する）兆域は東西一町・南北二町で守戸《しゅこ》（陵墓を守る人びと）は五烟である」と「神武田」を取り上げている。

そして同年十一月刊の『聖蹟図志　神代弁諸国部　上』（著者所蔵）では、次のように述べる。

「畝傍山西北面之図」

（スイセン塚古墳）

綏靖天皇桃花鳥田丘上陵

「スイセイ冢（塚）」また「主膳塚」とも云う。本居宣長は「神武帝陵」とする。或いは「神八井耳命冢《（塚）》」

「畝傍山北面」

（丸山）

此一丘は「御陵」また「丸山」

「神武天皇畝傍山東北陵」

（神武田〔ミサンサイ〕）

一説に「神武堂」は「廟社の地」、訛《なま》って「神武田」と称す。

「山本村神武田」「旧塚」「新塚」

（塚山）

今日の「神武陵」、一説に綏靖帝陵となす。

このように津久井清影は『首註陵墓一隅抄』では神武天皇陵「神武田」説を採用しているものの、『聖蹟図志』では神武天皇陵については諸説を併記する姿勢を取っている。このことは、当時における神武天皇陵をめぐる錯綜した状態を客観的に示すと同時に、津久井清影が神武天皇陵に関する諸説に通暁していたことをもよくあらわすものである。

中でも注目されるのは、「神武田」との地名についての考え方である。これについてはすでに第一章1や第三章1でも触れたが、右にみたように『聖蹟図志　神代幷諸国部　上』には、「一説に「神武

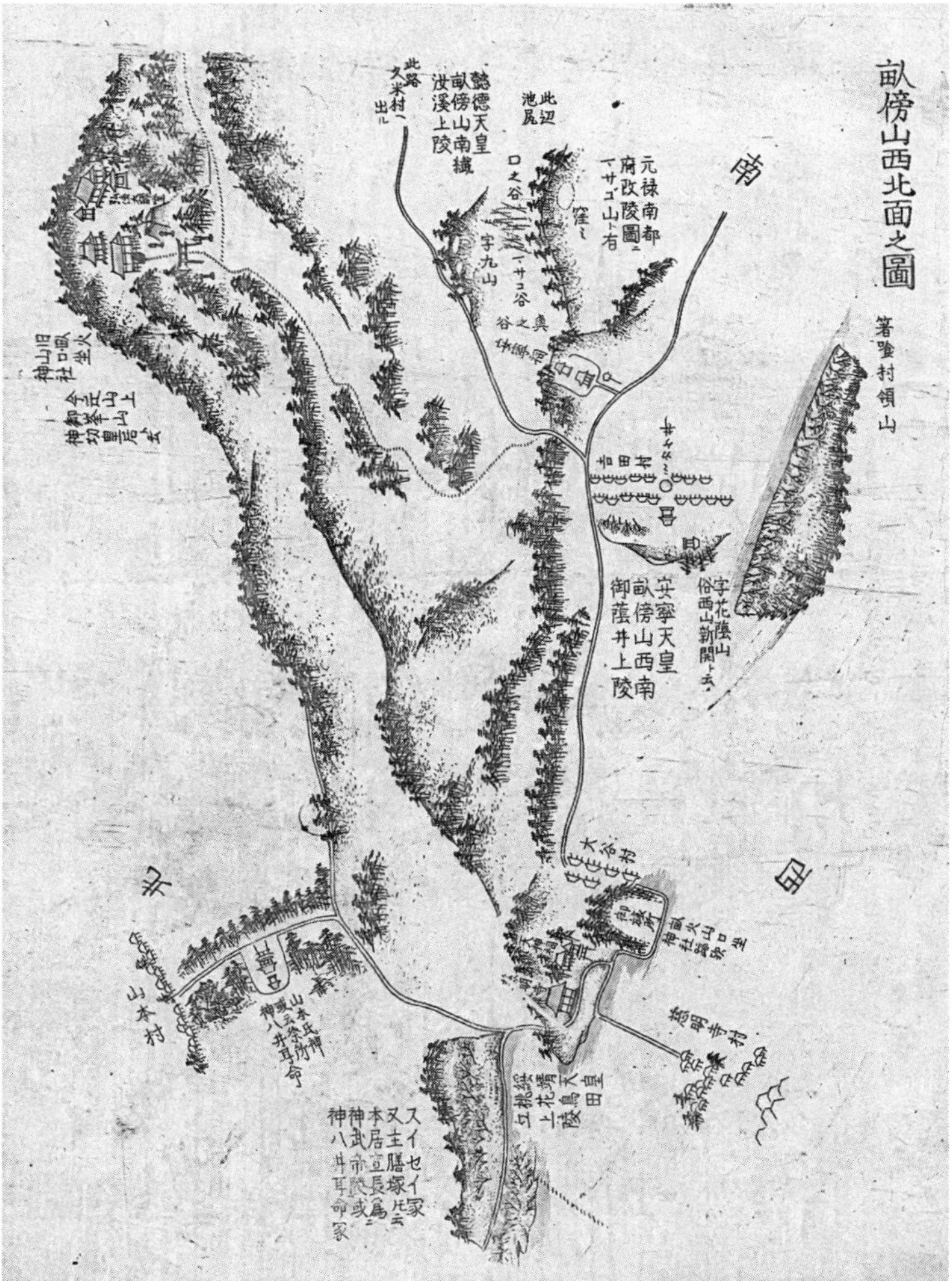

津久井清影著『聖蹟図志』「畝傍山西北面之図」（著者所蔵）

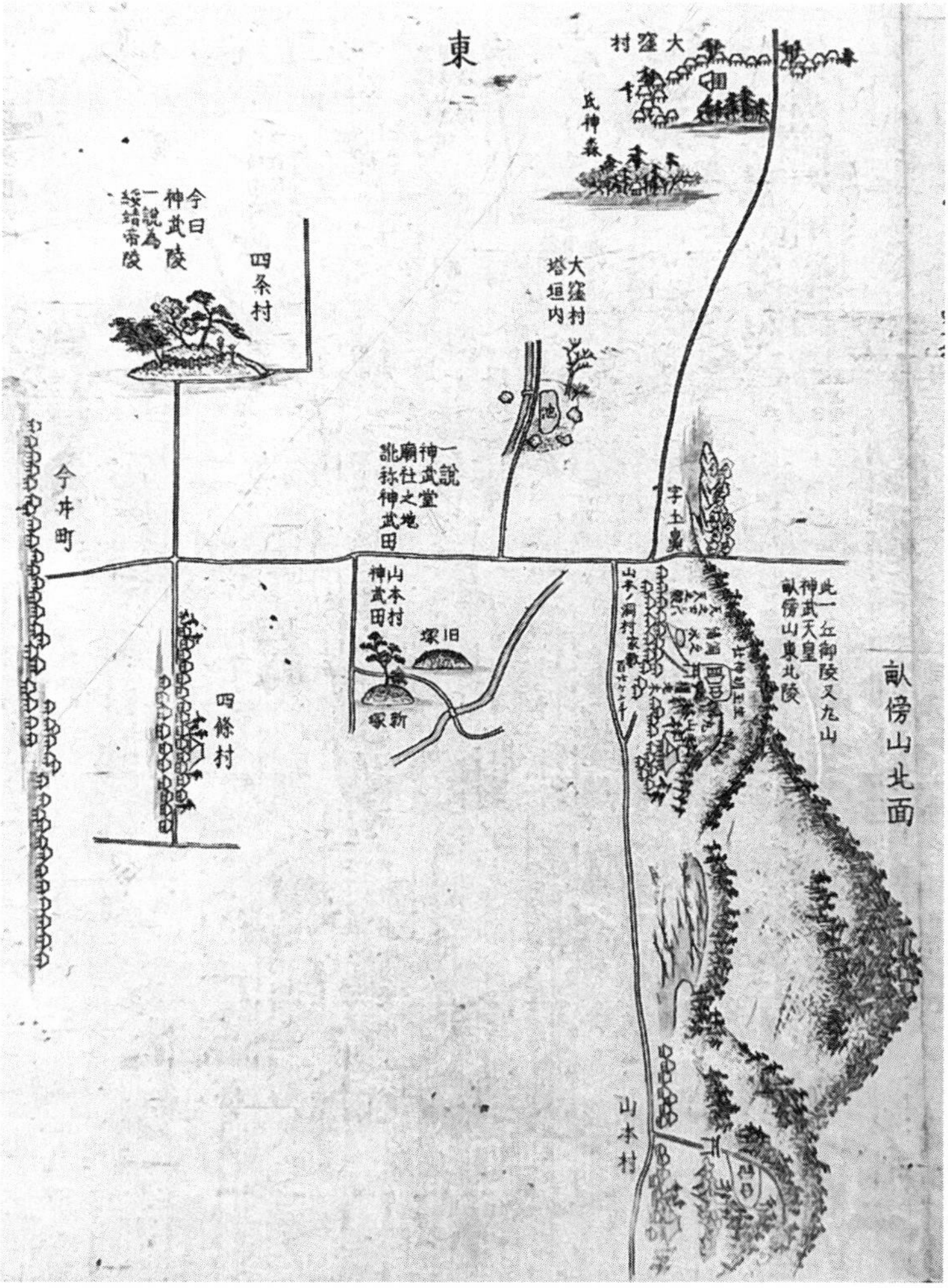

津久井清影著『聖蹟図志』「畝傍山北面」（著者所蔵）

堂」は「廟社の地」、訛って「神武田」と称す」とある。ここに「訛って」というのをみると、いかにも「神武」なり「神武天皇」から訛って「神武田」となったものとも思われるが、その拠るところはいったい何なのであろうか。決して速断することはできない問題である。

このような「神武田」の地について津久井清影は富岡鉄斎に書簡を送って、「今でもなお、（神武天皇陵の）真陵の地と自分は決め兼ねている」と述べているのである。そのことの具体的な背景をこれ以上詳らかにすることはできないが、明治四年五月にあって「神武田」（ミサンサイ）に造営された神武天皇陵に対する疑義が存在したことは、「心おほへ」のこの記述によって明らかである。

鉄斎の巡陵と「丸山」

富岡鉄斎についての話に戻す。先にもみた明治九年（一八七六）七月下旬になされた神武天皇陵をはじめとする天皇陵巡りの際の覚書である「巡陵日誌」は同年七月二十二日条から始まるが、そこには「畝傍山に登る、峰より洞村御陵を拝す」[20]（原文はカタカナ交じり文）（傍点引用者）とある。この後鉄斎は見瀬村に泊り、翌日から各天皇陵等を回ったのであるが、鉄斎にはこの天皇陵巡りを初代の神武天皇陵から始めるという確かな意図があったと思われる。それが右にみた「洞村御陵を拝す」ということなのではないか。この「洞村御陵」とはもちろん北浦定政のいう「丸山」（竹口栄斎のいう「字カシフ」、宣長のいう「字加志《カシ》」、君平のいう「御陵山」）である。そして少なくとも「巡陵日誌」には、この天皇陵巡りにおいて鉄斎が「神武田」（ミサンサイ）を訪れた記述はみられないのである。

大沢清臣『諸説弁』

次いで、本章1でみた明治天皇による神武天皇陵親祭の翌年の明治十一年（一八七八）十一月に大沢清臣によって著された『畝傍山東北陵諸説弁』[21]（以下『諸説弁』という）を取り上げる。本書で底本とするのは著者が古書店から購入した写本で、同本には富岡鉄斎自身による書き込みがある。そこからは本写本成立の経緯のみならず、山本村「神武田」（ミサンサイ）に営まれた神武天皇陵についての鉄斎の考え方についても知ることができる。

ここでまず、大沢清臣の履歴についてみる。大沢清臣は天保四年（一八三三）正月三日に大和国添《そえ》下《しも》郡都跡《みあと》邑（奈良県奈良市）に生まれ、勉学に励み、明治二年（一八六九）九月に朝廷に召されて諸陵允《じょう》となり、以降宮内省御陵墓掛等として主として陵墓の考証面に携わった。谷森善臣の門下とされる。明治二十五年（一八九二）九月十六日に六十歳で逝去した。[22]

鉄斎と清臣

大沢清臣は明治十二年（一八七九）四月に大和・和泉・河内の陵墓を巡視しているが、四月二十二日には六村中彦と共に堺県の叡福寺（大阪府南河内郡太子町）にある聖徳太子墓に赴いてその内部を調査するとともに「実検記」を著した。ここで注目されるのは、鉄斎が堺県令の税所篤とこの調査に立ち会っていることである。これについては梅原末治著「聖徳太子磯長《しなが》の御廟」（平安考古会編纂『聖徳太子論纂』〔大正十年三月〕所収）に詳しい。それに拠ると、鉄斎はただ立ち会うというだけでなく、石室内部の様子をよく観察するとともにその図面を作製し、かつ調査に関する談話も残している。そしてこの折に鉄斎は清臣から『諸説弁』を借りて写した。それがこの著者所蔵の写本である。

もちろん右の範囲で鉄斎と大沢清臣の交流の全体像が明らかになったのでもないのであろうが、鉄斎が清臣から『諸説弁』を借りて写したのと、鉄斎が清臣等による聖徳太子墓の石室内部の調査に立ち会ったのは同時期であるから、この機会に両者は『諸説弁』の貸借を含めて、さまざまな意見・情報の交換等をしたことは充分に推測し得る。

再び『諸説弁』

さて、その大沢清臣著『諸説弁』の内容である。『諸説弁』は、神武天皇陵に関して記述する近世以降の諸書をひとつひとつ取り上げつつ、神武天皇陵を山本村の「神武田」(ミサンサイ)とすることがいかに正しいかを論じるものである。『諸説弁』の冒頭は次の通りであり、本書の観点からも大いに注目される。

・神武天皇の畝傍山東北陵は、山本村の東の端つまり畝傍山の東北へ三町半(約〇・四キロメートル)ばかりの所の「神武田」とよぶ地に先年定められ、まことに素晴らしいことと尊び奉られているが、なお「いかがであろうか」と疑う人もあるとか。それはあの「先入とかいへる言の主」(原文)なのであろう。
・もしその(神武天皇陵の)場所(「在所」)が違っていたのなら、御陵のためにもとても畏れ多いことなので黙っていることもできず、先学の考説の要点を取り上げてその当否を僅かに述べ、そして自分（清臣）が考える所をいってみようと思う。

『諸説弁』が著された前年の明治十年（一八七七）の紀元節には明治天皇が「神武田」（ミサンサイ）の地に完成された神武天皇陵に親拝していることは、すでに本章1でみた通りである。大沢清臣がここで「なお、「いかがであろうか」と疑う人もあるとか」というのは、その期に及んでなお文久の修陵で造営された神武天皇陵に疑問を持つ人がいる、という意味である。ここには、当時清臣が抱いた危機感がよく表れている。注目するべきなのは、これに続く「それはあの「先入とかいへる言の主」なのであろう」との部分である。いかにも持って回った言い回しであるが、この「先入とかいへる言の主」は、明らかに「加志《カシ》」つまり後になって北浦定政が「丸山」といった地を神武天皇陵とする説を述べた本居宣長（あるいは竹口栄斎・蒲生君平）のことと解される。それにしてもなぜ姓名をそのままにいわず、「先入とかいへる言の主」などというのであろうか。

さて『諸説弁』では、続けて近世以降に著された神武天皇陵に関する各種の文献を取り上げる。ここでそれらの文献を『諸説弁』にみえる順のままに挙げると、松下見林『前王廟陵記』・『御陵所考』・並河永等『大和志』・本居宣長『玉勝間』・竹口栄斎『陵墓志』・蒲生君平『山陵志』・津川長道『卯花日記』・北浦定政『打墨縄』となる。すでにみた中条良蔵による『書附』もそうであったように、近世における神武天皇陵の所在地に関する議論はおおむねここに含まれているといえよう。

「神武田」は神武天皇陵

大沢清臣は『諸説弁』で、このような幾多の史料に拠りつつどのように神武天皇陵「神武田」（ミサンサイ）説を主張しようとしたのであろうか。その基本的な姿勢は、自説の主張のために地名・地形等をめぐる解釈を根拠としたことである。『諸説弁』はこのような論法を用いつつ、諸説に対してあるいは大いに賛同しあるいは執拗に弁駁《べんばく》を加え、自説を展開したのである。

しかしここではこの賛同・弁駁の数々のいちいちを取り上げるよりは、むしろ『諸説弁』の末尾に置かれた大沢清臣による結論をみることにしたい。次にその部分を引用する。

（神武天皇の頃は）総てが素朴であった世であったので、大変盛大に築き上げた御陵ではないことから、二千余年を経る間には四辺の地が田として開墾され、樹木を伐採し茨を刈り払って田畑を作ったり、小川を開通して小溝を掘り切ったりして灌漑の便とし、あるいは畝傍山の山腹に洞村などという村落が出来たのであり、山脈はますます（神武天皇陵から）離れ土地（「ミサンサイ」「神武田」の地）は日ごとに低くなっていき、前条にみたように、文禄年間（一五九二〜九六）にはすでに（この地は）田畑となっていたのであれば、昔の地勢が全部残る理があるだろうか。

ここに至って、清臣の議論の方向性が極めて明瞭である。つまり、地名はかつてのその土地の様子をよく今日まで伝えるものではあるが、地形はさまざまな事情によって年月の経過とともに変化するものであり、長い間にはかつての面影を留めないこともあり得る。従って、地名と地形が齟齬を来す場合があってもそれは充分に説明がつく、というのである。そしてこの清臣の説は、第四章2でみた谷森善臣の説とよく通じるところがある。しかしこれでは、史料から窺うことができる当時の地形といかに異なる地形であっても、それは年月の経過による地形の変化のためだと強弁できてしまうこともまた事実である。

さらに大沢清臣は続ける。「そうであれば、（本居宣長の）『古事記伝』も（竹口栄斎の）『陵墓志』も（北浦定政の）『打墨縄』も、自分が好きなように説を述べたのであって、すべてとんでもなく間違っていることも含まれていることを理解するべきである」という。

一見どこにでもあるような論敵への反駁である。しかしここで清臣は、論敵に対して実証の上での反論をするのではなく、「自分が好きなように説を述べた」ことをその反論の理由として挙げるのである。となれば、少なくとも清臣にとってはこの神武天皇陵の所在地の問題は単なる学問上の論争ではなかったということになる。つまり清臣が『諸説弁』を著した目的は、すでに孝明天皇の「御達」によって神武天皇陵として定まっている「神武田」（ミサンサイ）を護ることであったということができる。それを理解しておかないと、清臣が『諸説弁』を著したことの意味を見誤ることになる。さらに言えば、このような目的で著された『諸説弁』それ自体が、文久の修陵によって山本村の「神武田」（ミサンサイ）に造営された神武天皇陵に対する疑問が根強かったことの証明でもある。

鉄斎の書き込み

先にも述べたように、著者所蔵の『諸説弁』には富岡鉄斎による書き込みがある。現代文にすれば次の通りである。便宜上ここでは(1)〜(3)に分けた。

(1)この巻は、清臣が大和・和泉・河内の御陵を巡視するということで堺に来た折に、借りて写した。時は明治十二年(一八七九)四月の初であった。百錬

(2)また考えると、この巻での(大沢清臣の)説は変化するようなことはない説ではないと理解するので、もちろん(ここが)この東北の御陵の地(神武天皇陵)であることは、よく信じて疑わないようにあるべきことである。

(3)明治二十二年(一八八九)五月に大和高市郡高取の西内成郷《なりさと》は、「橿原宮址考」ならびに保存のことについて建言した。御採用になる地域は買い上げ、その地は畝傍山の南東の字高曽という。およそ四千坪。

このうち、(1)についてはすでに触れており、(3)は少なくとも明治二十二年五月以降の書き込みなので、ここでは(2)に限ってみることにしたい。

「清臣の説は不動ではない」

(2)には、まさに当時(おおむね明治十二年(一八七九)頃)における神武天皇陵に関する富岡鉄斎の考えがよく示されていると思われる。念のためこの(2)の部分の原文を左に掲げる。

又按するニ、此巻のあけつらひハ動くましき説ともなく、元より此　東北の御陵の地たる議は、
よく信して疑はすしてありぬべし

これについて注目すべき点が二点ある。

ひとつ目は、原文の「此巻のあけつらひハ動くましき説ともなく」についてである。これは具体的にいえば、『諸説弁』における大沢清臣の議論は、不動のものでもない」ということであろう。『諸説弁』で大沢清臣が構築した神武天皇陵「神武田」（ミサンサイ）説は決して誰しもが認める不動の定説でもないというのが、鉄斎の考えなのである。

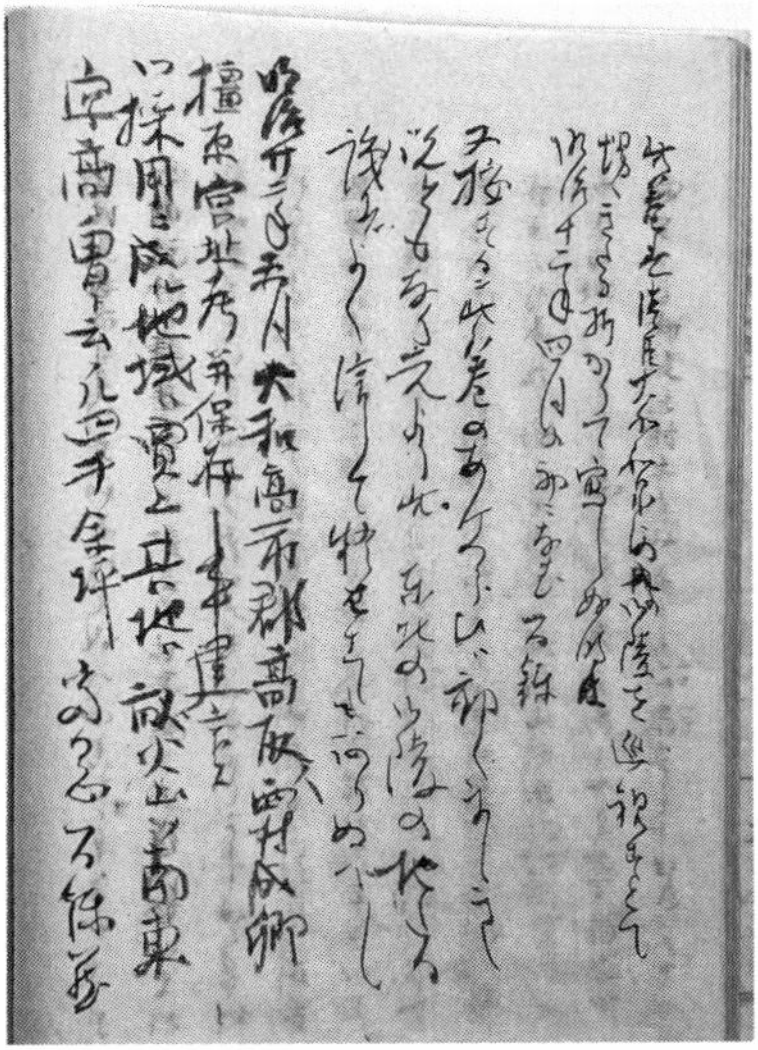

大沢清臣著『畝傍山東北陵諸説弁』にある鉄斎による書き込み（著者所蔵）

「よく信じて疑わないこと」

さてふたつ目である。それは、原文の「元より此　東北の御陵の地たる議は、よく信して疑はすしてありぬべし」とある部分である。これを現代文に訳すと、「この通りであるから、神武田（ミサンサイ）の地に造営された御陵が神武天皇畝傍山東北陵の地であるという説は、よく信じて疑わないようにしなければなら

ない」というようになると思われる。つまり(2)の全体を通してみれば、「大沢清臣が『諸説弁』で述べていることも決して不動の説とはいえない。(そうであるからこそ、)よく信じて疑わないようにしなければならない」ということと考えられる。

このような考え方は、あるいは現代ではあまり受け入れられないのかも知れない。というのも、その場所がそうだと確かに科学的に立証されてこその天皇陵なのであり、そこに信仰・尊崇があるとしても、そのような科学的な立証が前提であると考えられる場合が多いであろうからである。[23]

また一歩踏み込んで考えてみれば、鉄斎は心の中では、「神武田」(ミサンサイ)ではなく「丸山」(あるいは「加志《カシ》」「御陵山」)を神武天皇陵と考えていたと思われる。そのように考えていたからこそ、そして容易にはその考えを捨て去ることができないからこそその「よく信じて疑わないようにしなければならない」との一節ではなかったか。

「畝傍山御陵図」

富岡鉄斎には、神武天皇陵を描いた作品がある。「畝傍山御陵図」(一二六・四センチメートル×四二・五センチメートル)という。手前に柵を設えた拝所とその前に松が左右に三本ずつ後方には畝傍山が描かれ、陵の本体こそ描かれていないがいかにも荘重で森厳である。賛文(画賛)には「神倭伊波禮毘古天皇御年壹佰参拾漆歳御陵在畝火山東北方白檮尾上也　古事記」「百錬謹寫」、箱書には「畝傍山御陵圖」「明治六年三月十一日拝畢謹寫弁書富岡百錬」とある。

「畝傍山御陵図」には「明治六年三月十一日」とあるが、すでに同年一月一日には新暦が採用されている。しかし三月十一日というのは、『日本書紀』が示す神武天皇崩御の日であり当然旧暦によっている。つまりこの年月日は、新暦採用一年目の明治六年に旧暦の三月十一日を継ぎ合わせたかのような恰好となっている。しかも、後方に描かれた「畝火山」山腹には、その姿こそ描かれてはいないもののそこには確かに洞村の「丸山」が存するのであり、かつ手前にある鳥居を中央に据えた拝所は文久の修陵の際に山本村の「神武田」（ミサンサイ）に成った神武天皇陵に設えられたものに相違ない。そして賛文に『古事記』を引用するのも、「丸山（御陵山）」説を主張した本居宣長を意識してのことでもあったのか。さらに一言付け加えれば、拝所から神武天皇陵を拝したその後方に畝傍山が見えるという「畝傍山御陵図」の構図は、現実にはあり得ない。実際に拝所から神武天皇陵を拝めば、「丸山」の存する畝傍山はその後方に当たることになるのである。とすれば、この「畝傍山御陵図」はま

富岡鉄斎画「畝傍山御陵図」（京都国立博物館所蔵）

さに富岡鉄斎の神武天皇陵をめぐる心象風景以外の何ものでもないことは明らかである。

第六章 橿原神宮と民間結社

神武天皇と同皇后を祭神とする橿原神宮。奈良県橿原市

文久の修陵に際して山本村の「神武田」(ミサンサイ)に造営された神武天皇陵は、天皇による祭祀の対象とされるだけではなく、広く一般の人びとの参拝もみられるようになった。そしてそれと同時に、参拝者を誘引して案内や説明をする結社も出現する。本章では、そうした活動をした民間人奥野陣七の波乱に満ちた生涯と、神武天皇を祀った橿原神宮の創建についてみることにしたい。[1]

1　勤王家・奥野陣七の奮闘

奥野陣七の前半生

まず、奥野陣七が語る自身の来歴についてみることにしたい。奥野陣七の著書『冨貴長寿の枝折《しおり》』[2](明治四十二年〔一九〇九〕八月刊)によれば、奥野は天保十三年(一八四二)八月八日、大和国葛城山の麓の檜原村(奈良県御所市檜原)に奥野陣三郎の長男として生まれた。

文久元年(一八六一)二十歳の春に京都に上り、「勤王の聞え高きある堂上家」に仕え、その後は侍従中山忠光や三条実美《さねとみ》の指令で長崎や太宰府、京都、高野山などを頻繁に往来し、奈良で王政復古を迎えた。しかし考えあって奉職はせず、明治二年(一八六九)には東海道中で同宿した大村益次郎の暗殺にかかわった嫌疑で翌年九月まで獄につながれた。さらに明治四年には「外山・愛宕二卿陰謀事件」で囚われて「日々拷問されたが白状せず」、明治九年冬には鹿児島で西郷隆盛や大山綱良に懇切にされたが断り朝敵の汚名を免れた、というようになかなか起伏に富んだ前半生である。もっともこれは奥野自身の言であり、ここに客観的な事実が尽くされているのでもないであろうが、勤王方のいわば下役として各地を奔走し獄にもつながれるに至った経緯がよく描かれているのではないか。

古蹟の調査へ

この『冨貴長寿の枝折』の記述でさらに興味深いのは、当時の奥野陣七の心情と、どのようにして

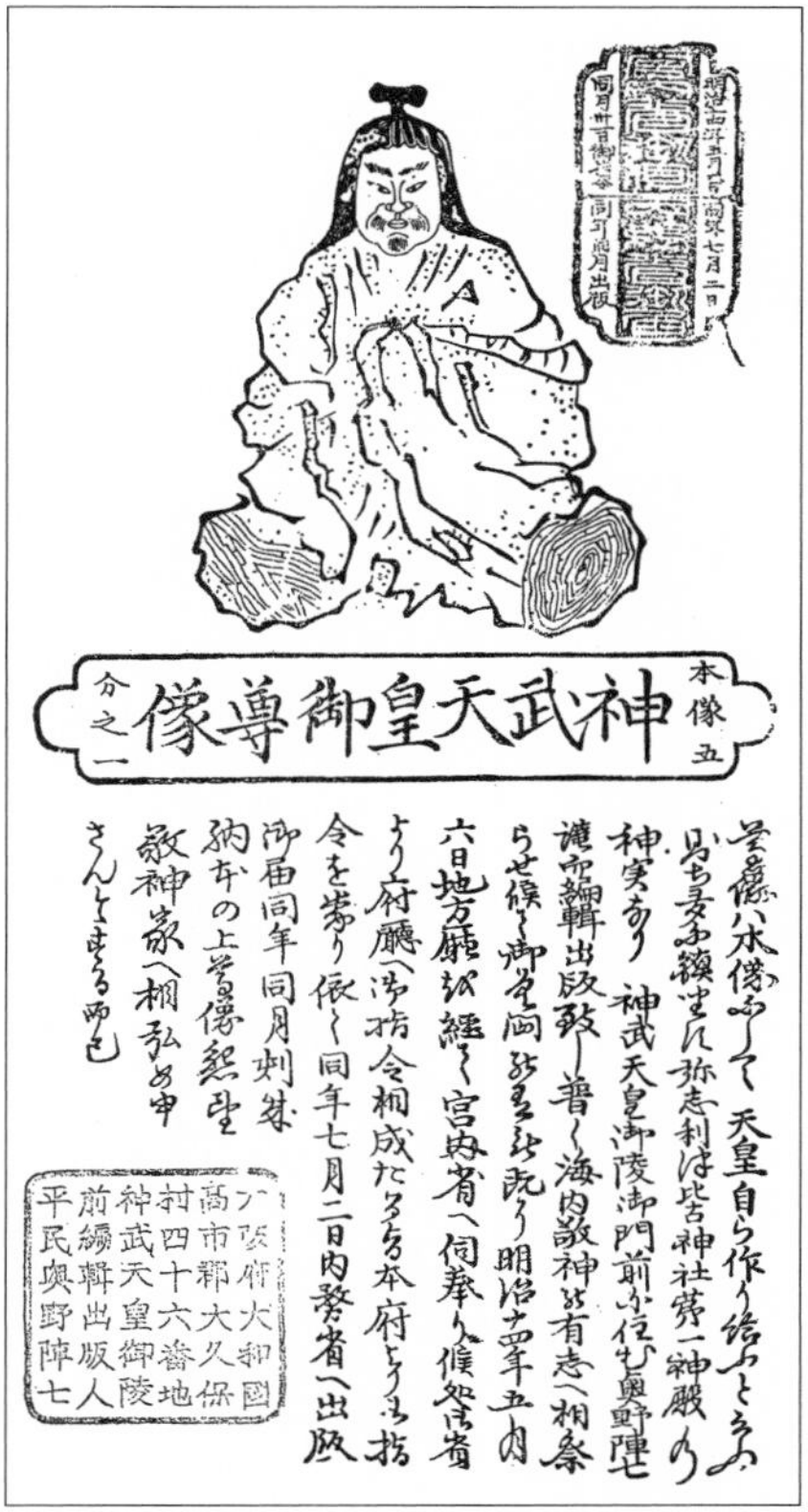

「神武天皇御尊像」明治14年、奥野陣七発行（著者所蔵）

天皇陵に興味を示すに至ったのかについての部分である。要旨を引く。

・このような訳で、維新前から国民の本分として勤王を尽くす志も却って政府に厄介をかけるだけで、ようやく命だけは全うした。

・（それにしても、）同志には勅任官以上に用いられた方が多い。馬鹿の鑑は自分一人だけであり、中途からの奉職も良くないと思い、国民の本分として歴代の御陵墓を始め全国の神社・仏閣・名所・旧蹟を調べ、間接に皇恩に報い国家に尽くすことを考え、三十年間の「御古蹟」調査となった。学識も経験も資産もない「老野人」であるが、「実地」という事だけはほぼ承知している。

奥野陣七による「御陵墓」等の「御古蹟」調査へ向けての契機は、自らの不遇を嘆く心情と、それを乗り越えるために新たに見出された対象の中にあったのである。そうであれば、奥野陣七にとっての「御古蹟」とは自らの存在の拠り所であるとともに、自己主張の根源に他ならない。

また、「三十年間の古蹟調査」というのを『富貴長寿の枝折』が大阪で発行された明治四十二年（一九〇九）八月から逆算すると、「御古蹟」調査が始まったのは明治十二年頃ということになる。またこれは、後にも触れる奥野陣七編『歴代御陵墓参拝道順路御宮址官国幣社便覧』（明治三十一年四月）の「緒言」に「明治十四年（一八八一）九月一日宮内卿の認可を得て以来年年御陵墓に参拝し其順路橿原御宮址を初め平安御宮址に至る各御宮址其他全国官国幣社及び名区（名勝の地、名所）古社寺等を順拝する宿駅の里程に至るまで概略を正し」（傍点引用者）とあるのと、おおむね矛盾しない。

さて、奥野陣七は自らが経営する報国社から自らの著作等を発行しているが、次にはその主なものをみることにしたい。ただし、報国社の設立年月は以下にみる出版物から推測されること以外は不明である。

「神武天皇御陵真景」

「神武天皇御陵真景」ならびにその類の刷物は、奥野陣七による刷物の中でも最も種類の多いものである。それらのなかには陵域内や周辺の様子を詳細に描いた版もみられ貴重である。また、第五章1で述べた明治十年（一八七七）二月十一日の紀元節に明治天皇が神武天皇陵へ行幸した際の「祝詞」（告文）を載せたものもあるが、いずれも確かな発行年代は特定できない。

『皇朝歴代史』

奥野陣七編輯『皇朝歴代史』（明治十九年〔一八八六〕十二月）も報国社が存した頃の出版物である。[3]これは、歴代天皇陵についてそれぞれの祭日・代数・周囲・方角・続柄・諱・皇后・宮都・在位・崩御・陵の所在地について記す。このうち特に注目されるのが「祭日」である。この場合「祭日」とは歴代天皇の崩御の日を指すが、新暦が採用された明治六年（一八七三）には歴代天皇の「祭日」はいずれも旧暦から新暦に換算され、その「祭日」に祭祀が行なわれている。『皇朝歴代史』は、当然新暦への換算後の日を記す。『皇朝歴代史』に「祭日」が記されることによって、歴代天皇陵がいずれも天皇による祭祀の対象であることがその読み手に確実に印象付けられることになる。

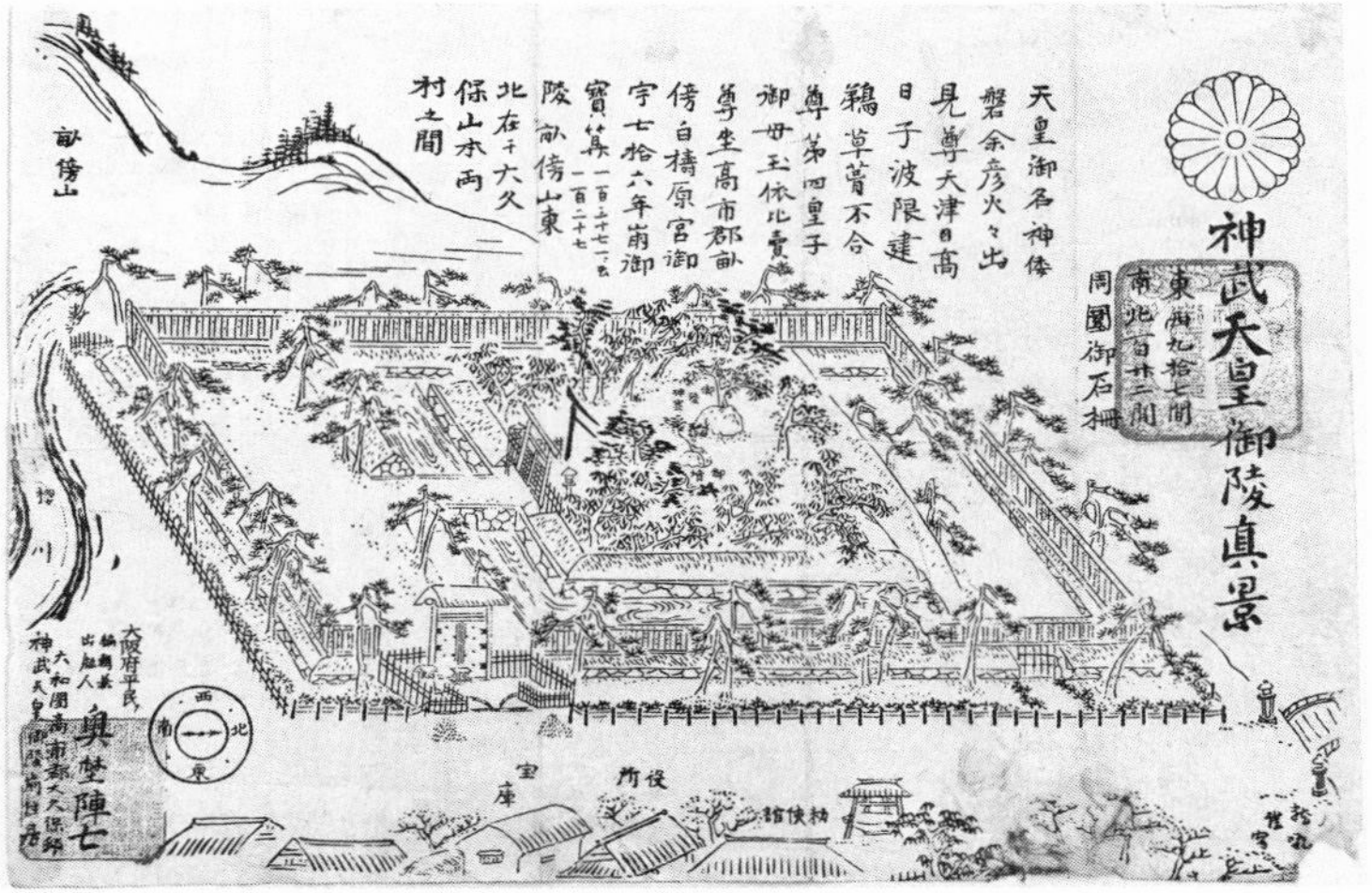

奥野陣七「神武天皇御陵真景」（著者所蔵）

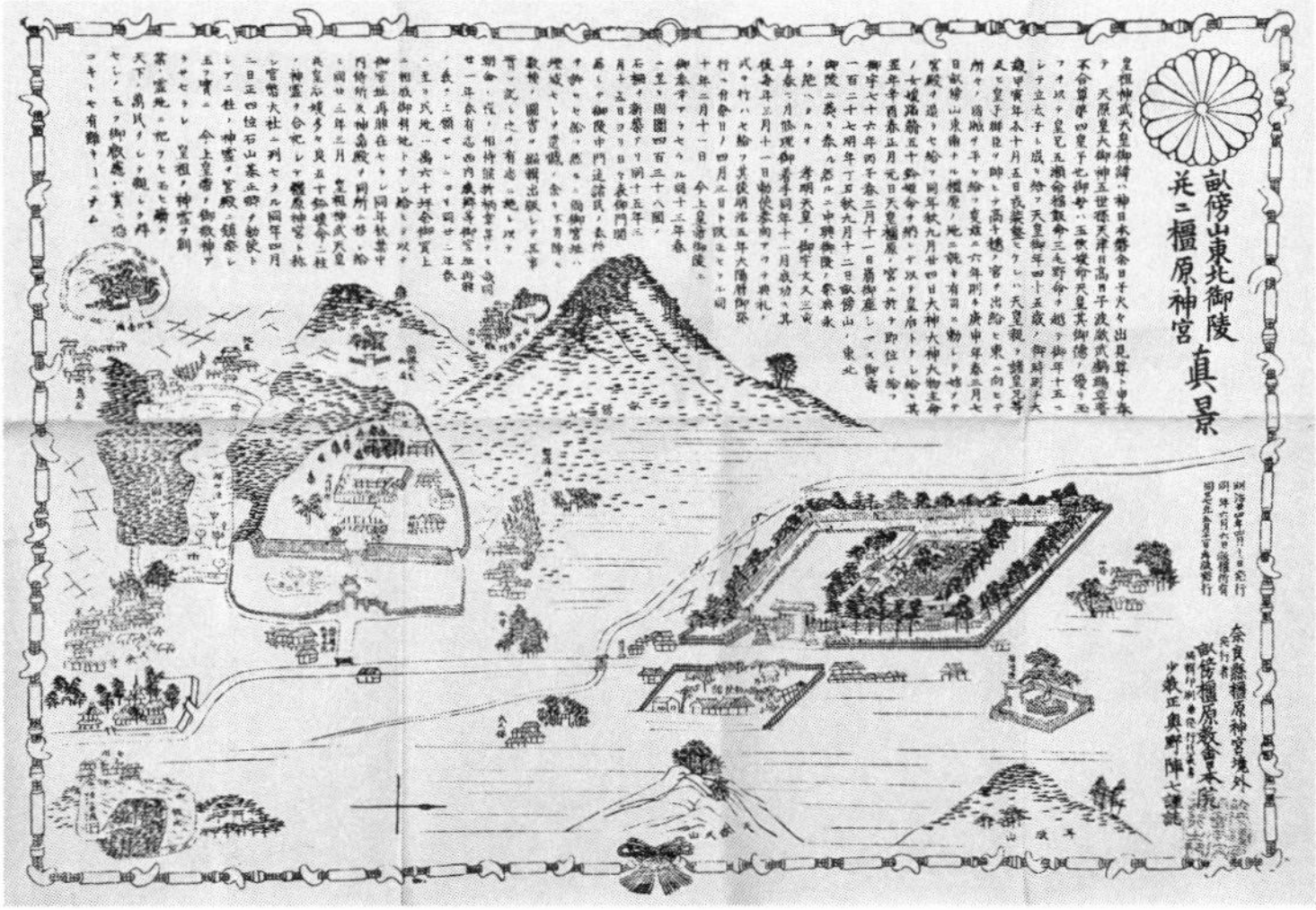

奥野陣七「畝傍山東北御陵并ニ橿原神宮真景」（著者所蔵）

『皇朝歴代史』の「緒言」で奥野陣七は、文久三年（一八六三）以来各御陵は修繕され、その後歴代の御陵や地名が出版された書冊は少なくないが、実地の調査に基づいたものは少なく嘆かわしい、と天皇陵関係の書籍の傾向を指摘した後で、この度実地調査を経て、歴代天皇陵の参拝道の枝折《しおり》の発行を思い立ち、明治十四年（一八八一）九月一日に宮内卿の認可を経て各御陵を実地に取り調べ、草稿を抜萃して一冊にして明治十九年十一月十七日に出版御届、同月二十九日に内務大臣より版権免許を得て出版した、と述べる。奥野陣七が次第に天皇陵に関心を集中させていく様子がよく窺える。

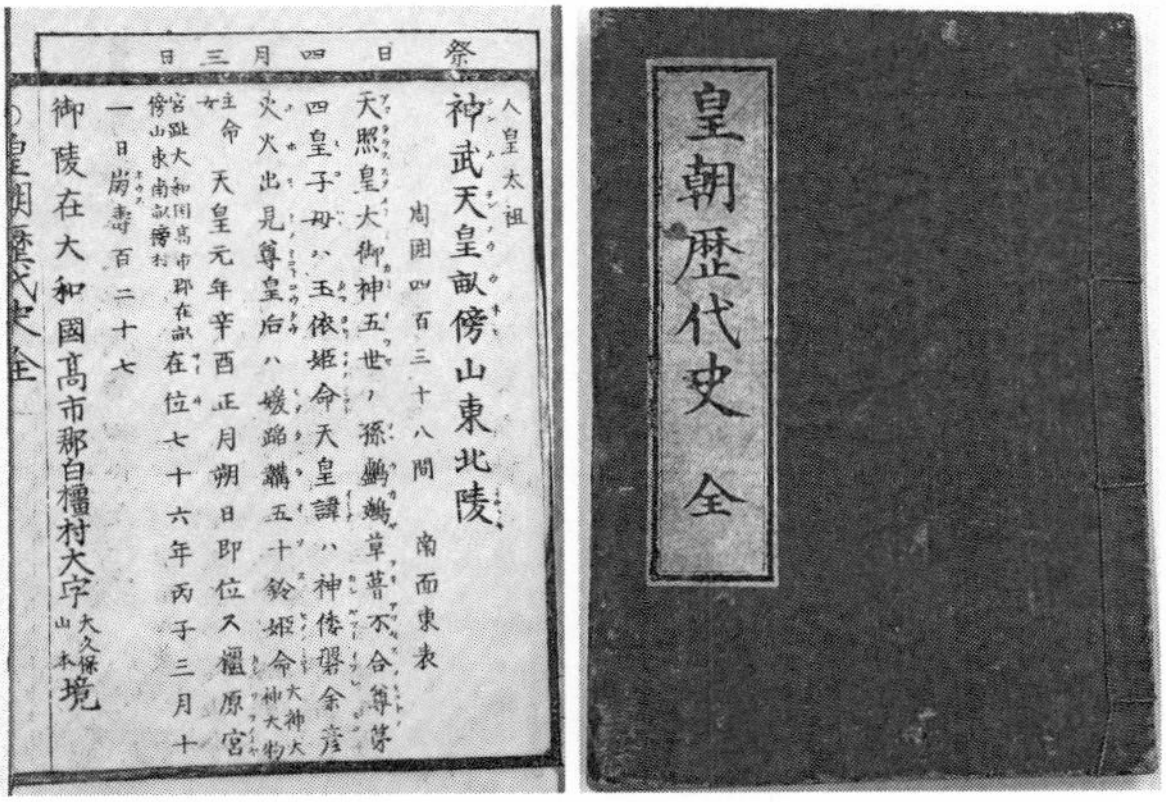

奥野陣七編輯『皇朝歴代史』（著者所蔵）

畝傍橿原教会の設立

この後奥野陣七は、明治二十二年（一八八九）十月十六日の奈良県県庁の認可により畝傍橿原教会を設立した。この畝傍橿原教会は実質上報国社を受け継いだものと考えられるが、その契機には、当然この翌年の明治二十三年に控えた官幣大社橿原神宮の鎮座があると思われる。「畝傍橿原教会」という名称にしてもいかにも橿原神宮を直接想起させる。それにしても奥野陣七は、わざわざ自ら経営する結社の名称を新たにしてまで何を実現しようとしたのであろうか。

『畝傍橿原教会々則／畝傍橿原教会本院』の「創立ノ理由」（明治二十四年四月三日）によれば、畝傍橿原教会創立の「賛成者」は奈良県からの両院（貴族院・衆議院）選出議員と県会議員ならびに町村長等の名誉のある人びと八十余名を信徒総代とし、「尊皇報国の有志に限って会員として結集する」という。

その具体的な活動としては、神武天皇陵周辺の土地を会員の会費と有志からの集金により買い求め、畝傍公園と称する花園を設け、公園内に御歴代天皇御陵真景を掲げた遥拝所を設け、有志が畝傍山麓に参拝の節は歴代天皇御陵を目前に拝せしめ、また歴代天皇御陵への有志の参拝の方法を設けて「太祖」（神武）創業の大勲」に報いる、とする。そしてこのことは、御一新の際の勅令（「王政復古の大号令」）に「今や王政復古は神武天皇の創業に基づく」とあるのに応えることである、という。そして同公園内には文久三年（一八六三）八月の「王政復古の魁《さきがけ》」とされる「天誅組の乱」をはじめとする義挙に身命を擲《なげう》った義士の鎮魂合祀の神殿「魁招魂社」を「橿原神宮境外」に漸次設け、ますます「和魂」が朽ちないことを祈る、という。

ここに、畝傍橿原教会の理念が端的に示されている。つまり、神武天皇尊崇の根拠を慶応三年（一八六七）十二月九日の「王政復古の大号令」に求めるとともに、同じく神武天皇を尊崇する橿原神宮とその「境外」に存する畝傍橿原教会が並び立つというのが、奥野陣七の描いた構図であった。

しかし、橿原神宮はいうまでもなく明治天皇の意思に基づいて創建された官幣大社であり、これに対して畝傍橿原教会は奥野陣七が経営する民間の結社である。さらに言えば、橿原神宮はいわゆる国家神道（神社神道）に属するものであり、畝傍橿原教会は教派神道の大成教に属した。そのような点からも、この両者はもとよりその基盤を根底から異にするものであったのである。

緒言
此御記ヲ編輯出版シ普ク海内尊王報國ノ有志者ニ授与セントスル故ハ既ニ帝國六國史ヲ初メ種々ノ國史中ニ皇祖神武天皇創業ノ大勲ハ掲載有之モ何レモ大部ノ書冊ニシテ完全ナル專門ノ御記之ナク故ニ普通人民ノ一讀スルニ便ナシ亦之ヲ求テ取調ブルモ大同小異ニシテ其説一定ナラス是ヲ遺憾トス編者ハ其國史中古事記日本紀ノ二説ヲ初メ確實ナル書冊ニヨリテ草稿ヲナシ其古跡ニ至リテハ年來實地ニ就キ取調シ明治十四年春上京ノ途三島神社ニテ權田直介大人ニ就キ校閲ヲ乞ヒ亦十六年春在京中平山省齋矢野玄道両大人ニ就テ檢校ヲ頼ミシニ何レモ快ク承諾サレ且其言ニ既ニ

奥野陣七編集『神武天皇御記』（発行者奥野陣七、発行所畝傍橿原教会本院、著者所蔵）

『神武天皇御記』

次いで、報国社を畝傍橿原教会と改めて以降の奥野陣七の著作等をみよう。まずみなければならないのは、主著とも言える奥野陣七編輯『神武天皇御記』である。『神武天皇御記』は、奥野陣七による「編輯」とはあるが実質的には奥野陣七による著作であり、明治二十八年（一八九五）八月に初版が発行されて以降、『皇祖神武天皇御記』と標題を改めた大正二年（一九一三）三月で三版を数える。同書は奥野陣七の主著というのにとどまらず、この時期における神武天皇に関する類書の中でも、内容の豊かさや独創性といった点で抜きん出た存在である。

『神武天皇御記』は、主として『日本書紀』に記された神武天皇の生涯をわかりやすい言葉でたどるとともに、奥野陣七自らによる実地調査や各方面への取材等

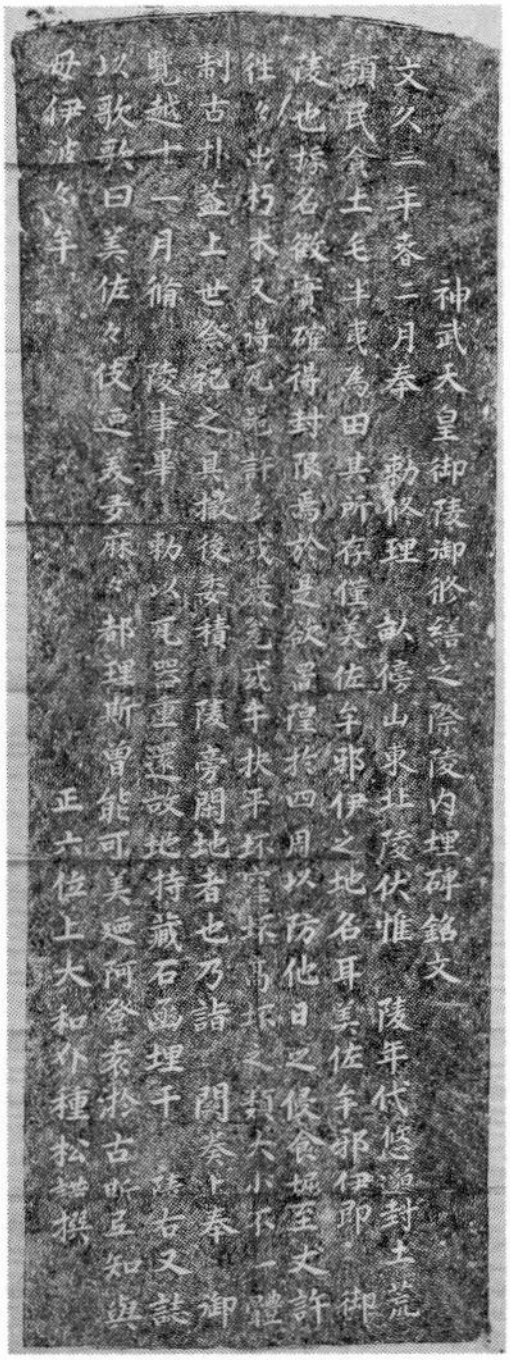
神武天皇御陵御修繕之際陵内埋碑銘文
文久二年春二月奉　勅修理畝傍山東北陵伏惟　陵年代悠遠封土荒

畝傍橿原教会「埋碑文石摺」（著者所蔵）

による成果をふんだんに取り入れつつ構成された書籍である。この点について奥野陣七は同書の「緒言」で、信頼に足る史料として『古事記』『日本書紀』等を選択しその記述に拠るとともに、実地調査をも重んじ、さらには権田直助・平山省斎・矢野玄道《はるみち》といった著名人に面会し指導を仰いだ、というのである。『神武天皇御記』の内容は後に具体的にみることにして、まずは奥野陣七による他の著作に進むことにする。

「埋碑文石摺」

奈良県橿原神宮境外畝傍橿原教会本院「神武天皇御陵御修繕之際陵内埋碑文石摺全」（包紙の標記による。以下、「埋碑文石摺」とする）は、文久の修陵における普請の際に、神武天皇陵の「土居巽《たつみ》（東南）角より少西方」に慶応元年（一八六五）五月七日に埋められた「埋碑」の正面の文面を改めて刻した刷物である。これについてはすでに第四章2で触れたが、第七章1でも述べることになる。

『便覧』

奥野陣七編輯『歴代御陵墓参拝道順路御宮址官国幣社便覧』（明治三十一年〈一八九八〉四月）（以下、『便覧』という）は、その標題に挙げられた陵墓・宮址・官国幣社それぞれの所在地等を一覧にしたものである。便宜上畝傍橿原教会の他の出版物と並べて『便覧』をここに置いたが、『便覧』には編輯兼発行者として奥野陣七の名があるだけで畝傍橿原教会との記載がどこにもない。なぜこのようになったのか、いま説明する準備を持たない。

その「緒言」で奥野陣七は、明治十四年（一八八一）九月一日に宮内卿の認可を得てから年々陵墓に参拝し、昨年（明治三十年〈一八九七〉）六月下旬に参拝日記から選抜して「歴代天皇御陵参拝道之略枝折《しおり》」と号して主務大臣を経て天覧に供したところ、その後戸田諸陵頭からこれは奇特なことであり御陵墓参考書として永く宮内省諸陵寮に保存する旨地方庁を経て伝達されたとのことで、自分（奥野陣七）の面目これに過ぎるものはない、と『便覧』の成立に至る経緯を略述する。

奥野陣七の関心の主たるものは天皇陵のなかでも特に神武天皇陵なのであるが、『便覧』は天皇陵全般から天皇陵以外の陵墓つまり皇后陵や皇族墓さらに御陵墓伝説地・御陵墓参考地・火葬所・分骨所・髪塔・灰塚から、御宮址・官国幣社をも載せるのが何よりの特徴である。

再び『神武天皇御記』

それではここで、右にみた奥野陣七によるさまざまな著作等の中で最も重要であり、かつ最も広く知られるに至った『神武天皇御記』について具体的にみることにしたい。

右にみたように『神武天皇御記』は主として『日本書紀』等に記された神武天皇の生涯を順にたどりつつ展開するとともに、奥野陣七自らによる実地調査や各方面への取材等による成果を取り入れて構成されている。つまり、神武天皇の行程が出発地の「日向」から目的地の「橿原」に近くなるにつれて次第に記述の範囲が奥野陣七の活動範囲と重なり、その内容は奥野陣七自身による実地調査や取材の成果を反映したものとなってくることになる。

五瀬命竈山墓

『日本書紀』によれば神武天皇の長兄五瀬命《いつせのみこと》は、「戊午」[4]年四月九日に孔舎衛坂《くさえのさか》での長髄彦《ながすねひこ》との戦いで負傷し、紀国《きのくに》の竈山《かまやま》で亡くなり同地に葬られた。これについて奥野陣七は『日本書紀』の内容に従って述べた後で、「(五瀬命の)御墓は(紀伊国)名草郡和田村(和歌山市和田)にある。その地に上古からあった五瀬命竈山宮は、明治十八年(一八八五)四月二十二日に官幣中社に列せられた」とする。

何しろ神武天皇の兄の墓である。神武天皇陵に強い関心を示す奥野陣七であれば、さぞかし実地調査の成果を反映した念の入った記述なのであろうと思いきや、分量も短く五瀬命を祀る竈山宮が官幣中社に列せられたことを記すのみであって、当の五瀬命墓そのものについては何の記述もない。何とも腑に落ちない。

というのも竈山墓は、明治九年(一八七六)一月に皇子墓として決定されている。[5]この頃明治政府は皇子・皇女墓の決定に力を注いでおり、竈山墓の決定もその一環なのであろう。そして明治十四年二月には竈山墓には管理人が置かれ、明治十八年にはその周囲に木柵・石階段・石垣・鳥居が建設されている。[6] となれば、よもや奥野陣七がこれを見逃すことはないと思われる。もちろん奥野陣七の陵墓に対する関心は、主として神武天皇陵に向けられていたのであろうから、たとえその兄の墓であってもそれはそれということであったのかも知れない。しかしそれにしても、この五瀬命墓についての注記はいかにも簡略である。当時の政府は新たな陵墓としての決定について、一般への告知なども行なわなかったのであろうか。

久米歌

次いで『神武天皇御記』は、同じく「戊午」年八月二日の兄猾《えうかし》討伐の後に謡われた久米歌について、「今なお禁中で毎年二月十一日紀元節の式に吾妻遊び久米儛の御謡に詠ずる」「このような古楽が世に廃れるのは惜むべきであろう。雅楽局主任方に聞くと、今では漸く吾妻遊部に久米儛の一曲が残るだけで、于儺能多伽機珥《うだのたかきに》、の御歌のみが紀元節に「朝廷」で奏されるということである。その他の久米歌は上に述べた通り廃れたので、現在橿原神宮で久米儛を再興しようとしているところということである」とする。

久米歌について、『日本書紀』『古事記』の記述の範囲のみにとどまることなくそれが当時どのように存していたかを記すことは、神武天皇陵に近接して自ら報国社・畝傍橿原教会を主宰し、関連する情報にもよく興味を示した奥野陣七にしてはじめてなし得ることといえよう。

饒速日命墓

邇芸速日命《にぎはやひのみこと》（『古事記』）あるいは饒速日命《にぎはやひのみこと》（『日本書紀』）の墓についても、奥野陣七は記す。『古事記』による邇芸速日命は、天つ神である御子（『日本書紀』のいう神武天皇）が天降ったのを追った神として、また、『日本書紀』による饒速日命は、その巻第三神武天皇（即位前紀）にみえる塩土老翁《しおつちのおじ》がいう東の方のよい土地に天磐船《あまのいわふね》に乗って飛び降る者として知られている。その邇芸速日命・饒速日命の墓について奥野陣七は、「この饒速日命の墓は未定であるが、十市郡外山《とび》村の古塚をその墳《つか》（饒速日命墓）と昔から言い伝える」とする。

饒速日命墓としては、今日では奈良県生駒市に存するものも知られているが、ここにみえる「十市郡外山村」が現在の奈良県桜井市外山に当たることを考えれば、この両者は別のものである。また、果たして神に墓があって然るべきかということについていえば、仮に現に宮内庁書陵部が管理する陵墓をみても、宮内庁書陵部による区分で「神代」に属する陵として、天照大神の孫で神武天皇の曽祖父の天津日高彦火瓊瓊杵尊《あまつひこひこほのににぎのみこと》 可愛《え》山《の》陵《みささぎ》（鹿児島県薩摩川内市宮内町字脇園）、神武天皇の祖父の天津日高《あまつひこ》彦火火出見尊《ひこほほでみのみこと》 高屋山上陵《たかやのやまのえのみささぎ》（鹿児島県霧島市溝辺町麓字菅《すげ》ノ口《くち》）、そして神武天皇の父の天津日高彦《あまつひこひこ》波瀲武鸕鷀草葺不合尊《なぎさたけうがやふきあえずのみこと》 吾平山上陵《あひらやまのえのみささぎ》（鹿児島県鹿屋《かのや》市吾平《あいら》町上名《かんみょう》字吾平山）（以上、表記は『陵墓要覧』〔平成二十四年三月、宮内庁書陵部〕）がある。それにそもそも神武天皇もその神々に直接連なる存在とされているのである。

神武天皇陵

『神武天皇御記』はさらに続ける。その中でも奥野陣七が殊更に力を入れたのは、当然神武天皇陵についての註記である。これについては以降何ページかにわたって述べることになるが、まさに奥野陣七の独壇場とも言うべきものである。

・神武天皇七十六年三月十一日に（神武）天皇は橿原宮で崩御した。一二七歳であった。翌年九月十二日に畝傍山東北白橿《カシ》尾上《オノウエ》に葬った。崩御から十八箇月で葬った。上代では喪屋を作ってその中に殯《ひん》（もがり）した間が長いことがここに見える。
・御陵名は畝傍山東北陵といい、大和国高市郡白橿村大字大久保と山本の間にある。
・上古朝廷で御陵をとても厳重に崇敬したことは、国史に明らかである。

ここに述べられているのは、もちろん文久の修陵で新たに「神武田」（ミサンサイ）に造営された神武天皇陵である。ただしここに「上古朝廷で御陵をとても厳重に崇敬したことは、国史に明らかである」とあるのは、歴史的事実の紹介というよりは、奥野陣七の願望として捉えられるべきであろう。

「先哲大人等」による「丸山」説

次には、本書で縷々みてきた神武天皇陵の所在地をめぐる諸説についてである。『神武天皇御記』はどのように記しているのであろうか。

『神武天皇御記』はこれについて、「(古老の言い伝えによると、) 保元二年（一一五七）八月二日に暴風雨によって（飛鳥川が）決壊して（神武天皇）陵は崩れたという（その）飛鳥川は、（神武天皇）陵から十町東を畝傍山と天香久山の間を北西に流れる川をいう。上世、来目川《くめ》（一名桜川）は久米から発して（神武天皇）陵の東側を北西に流れていたが、その川切れのために流路が変わり、現在では（神武天皇）陵の南を北西に流れる」とした後で、次のようにいう。

そのため、「畝傍山東北白橿尾上御陵」（原文のまま）とあるのに、畝傍山からその川（久米川あるいは桜川）を隔てた所に（神武天皇）陵があるのはなぜか等と尋ねる人が多かった。編者（奥野陣七）は年来古い説と実地とを調査しているが、畝傍山の御料地（皇室の所有地）の東北の尾に小高い所があり「字丸山」という。この地は現在白橿村大字洞《ほら》村社というが、上古の御陵の兆域内ではないかという「先哲大人等」（傍点引用者）の考えもあるが、そうでもないのであろうか。

ここでは、奥野陣七が「古い説」と「実地」の調査によって「畝傍山の御料地の東北の尾」の「小高い所」にある「字丸山」について、これが現在では「白橿村大字洞村社」となっていることと、ここが「上古の御陵の兆域内ではないか」との「先哲大人等」の考えもあったことを指摘している。「神武田」（ミサンサイ）に造営された神武天皇陵の近傍に居を構えて結社を経営し、神武天皇陵への参拝者の誘引に尽力している奥野陣七にとって「丸山」を神武天皇陵とする説は、『神武天皇御記』が発行された明治二十八年（一八九五）八月にあってもなお、決して無視できない存在であったのである。ここにみえる「先哲大人等」は、第五章2でみた大沢清臣著『諸説弁』にみえる「先入とかいへる言の主」と同じく、本居宣長等を指すと考えられる。ただしここでは「先哲」「大人」とに分けて解することができる上に、「等」ともあるので、本居宣長ばかりでなく、「丸山」（「字カシフ」「字加《カ》志《シ》」「御陵山」）説を主張した竹口栄斎・蒲生君平・北浦定政等を広く示しているとも考えられる。

明治六年の改暦と明治天皇の親祭

次は、明治六年（一八七三）の新暦の採用についてである。これについて奥野陣七は、「毎年三月十一日に（神武天皇陵に）勅使の参向があり「典礼式」を行なっていたが、明治五年（一八七二）十二月三日に太陽暦（新暦）が発行されたので、祭日が四月三日と改正された」と述べる。新暦の採用に従って、神武天皇の祭日つまり崩御の日も改められたのである。その際、他の歴代の天皇の祭日も改められた。すでに『皇朝歴代史』について触れた箇所でみた通りである。

また『神武天皇御記』は、第五章1で述べた明治十年（一八七七）の紀元節の明治天皇による神武天皇陵への親祭についても記す。

「人民に毫も関係なし」

さらに、神武天皇陵の近くに居を構えた奥野陣七ならではの観察を述べる。その概要を引用する。

・明治十三年（一八八〇）二月にこれまでの（神武天皇陵に巡らされていた）木柵を撤去し、周囲四百三十八間（約七九六・三メートル）の石柵の新築に着手し、同年十一月に完成した。

・維新後、（神武天皇）御陵への参拝の有志は増加している。ことに毎年四月三日（神武天皇の祭日）には勅使が参向して午前十時に祭典を執行し、同十二時以後は諸々の人びとに御門内への参拝が許され、その他平日は表御門前から拝していたが、明治十五年四月十五日からは日々表御門を開扉し御陵中門まで庶民の参拝が許されている。現在御陵の兆域は東西九十七間（約一七六・三メートル）南北百二十二間（約二二一・八メートル）周囲四百三十八間（約七九六・三メートル）で「南面東表」（陵は南に向き東から参道が進入すること）である。宮内省の所轄であって、「人民」に全く（「毫も」）関係ない（傍点引用者）。その役員は守長一名、守部四名で守護する。

右に描かれているのは、一見すると神武天皇陵の現地における参拝についての客観的な説明のようであるが、実際には、明治十三年（一八八〇）から『神武天皇御記』が発行された明治二十八年八月にかけての神武天皇陵と「参拝の有志」「諸民」「庶民」「人民」つまり一般の人びととの関係についての記録となっている。まさに、奥野陣七ならではの観察と記録である。

奥野陣七は神武天皇陵について、明治十三年十一月にそれまでの木柵が石柵となったこと、維新以降「参拝の有志」が増加したこと、勅使が参向する毎年四月三日の正午からは「諸民」の「御門内」への参拝が許され、明治十五年四月十五日からは毎日表御門から中門まで「庶民」の参拝が許されるようになったことを記しながらも、神武天皇陵そのものはあくまでも宮内省の管理下にあるという厳然たる事実を指摘した上で、「人民ニ毫モ関係之ナシ」（原文のまま）といい切るのである。

ここに、奥野陣七の神武天皇陵に対する立脚点が明確である。つまり、官（「宮内省」）の側ではなく民（「参拝の有志」「諸民」「庶民」「人民」）の側に立つということである。このことは、先にも触れた奥野陣七が経営する畝傍橿原教会が教派神道（大成教）に属することを考えればよく理解できる。

2　橿原神宮の鎮座と確執

橿原神宮の鎮座

橿原神宮が、明治二十三年（一八九〇）四月二日に神武天皇と媛蹈鞴五十鈴媛命《ひめたたらいすずひめのみこと》を祭神として祀ったことについてはすでにみた。奥野陣七著『神武天皇御記』もその末尾で橿原神宮について述べるが、このことは、奥野陣七にとって神武天皇を語ることは、神武天皇の生涯やその墓である神武天皇陵について述べるばかりではなく、橿原神宮をも語らなければ決して完結するものではなかったことをよく示すものである。以下、『神武天皇御記』から橿原神宮についての記述をみる。

まず、橿原神宮を創建すべき場所について、『古事記』『日本書紀』に神武天皇即位の地と伝える橿原宮址の所在地をめぐる問題を取り上げて次のように述べる。

橿原宮址は中古の国史の誤りにより、終には湮滅《いんめつ》同様であった。編者（奥野陣七）は遺憾の余り年来実地に調査してきたが、畝傍山の東南麓の畝傍村は西北を山で囲まれ東南が開いた美地で、村の西北つまり畝傍山の東南に橿原井があり、その南に千鳥池があり、東の少し北方に字階段橋《きだはし》がある。畝傍山のことを土地の人は伝えて御峯山《おみねやま》というが、これは宮址の御峯を当ててのことである。

奥野陣七は、神武天皇陵ばかりでなく橿原宮の宮址にも大きな関心を寄せ、「畝傍山の東南麓の畝傍村」がその地であるとの結論を得ていたのである。そして奥野陣七は続ける。

このように古跡がある限りは、橿原宮址は畝傍山東南の畝傍村と認め、明治十二年（一八七九）以来「神武天皇御陵真景」他数種の略史に宮址の所在を記し、神武天皇御陵へ参拝の有志に与え、編者の奥野陣七や家族が御陵参拝の有志に年来宮址を案内し、朝命を待った甲斐があり明治二十一年（一八八八）に確定された。（そして、）明治二十二年春に民地一万六千余坪を買い上げて御料地とし、橿原宮址を再興した。

そして奥野陣七は家族ぐるみで神武天皇陵への参拝者を橿原宮址に案内するなどし、その結果、橿原宮址の再興となった、という。これが奥野陣七のいう橿原神宮の前史である。

もっとも橿原神宮鎮座の地は、文久の修陵で「神武田」（ミサンサイ）に営まれた神武天皇陵に隣接する。もちろんこれは奥野陣七にとって好ましいことであった。両者が隣接していればこそ、より多くの参拝者を各地から誘引することができようというものである。

功労者奥野陣七

奥野陣七が橿原神宮の鎮座に与って力あったことは、橿原神宮にとっても記憶されるべき事柄であった。橿原神宮の第七代・第十一代の宮司である菟田《うだ》茂丸《いかしまろ》が著した『橿原の遠祖《とおつみおや》』の「二四　橿原神宮創建」が、この間の事情を述べる。

「畝傍山東北陵」　明治34年11月　奥野陣七印刷・発行（著者所蔵）

「橿原神宮真景」　明治34年11月　奥野陣七印刷・発行（著者所蔵）

・明治十三年（一八八〇）の末に、奈良県南葛城郡大正村大字楢原の奥野陣七という人が同県高市郡畝傍町に転住して来た。この人の経歴は不明であるが、性来至って記憶力が強く、殊に史蹟の研究を好む人であった。

・明治十二三年頃は畝傍山東北陵を山麓の桜川をへだてた平地に御治定になってから日も浅く、御陵の御所在については、一方に畝傍山東北の中腹、丸山塚（「丸山」）を主張する者の熱意もまださめていない折柄でありましたので、谷三山《たにさんざん》等の山陵研究家の学者たちに交際する機会が多く、それに性来の強記が役立ち、その後相当の郷土史家となって、御聖蹟に関する幾多の小冊子を発行していた。[7]（傍点引用者）

右の引用中、明治十二三年頃になっても「丸山塚（「丸山」）を主張する者の熱意もまださめていない折柄」であったとあるのは、橿原神宮の宮司を務めた菟田茂丸の言葉としても、また、神武天皇陵の所在地の諸説をめぐる当時の雰囲気をよく伝える記録としても貴重である。

橿原宮址に話を戻せば、奥野陣七は少なくともこの菟田茂丸の言による限り、橿原神宮創建の功労者として数えられるべき人物であったのである。それを反映してということなのか、『橿原の遠祖』は奥野陣七による『神武天皇御記』について、「恐らく明治以後の神武天皇の御聖蹟研究に関する著書のはじめであろう」と讃えている。それならば、橿原神宮と奥野陣七はこの後も友好関係を続けたのであろうと思うところであるが、『橿原の遠祖』はその点について以下のように述べる。

その（橿原神宮の創建の）「主唱者」の西内成郷のかげに、「在野無名の人奥野陣七」（傍点引用者）がある事を忘れてはならない。西内成郷は当畝傍を去る南一里十一町（約五・一キロメートル）の高取町の人で当時県会議員であったので、同郡の関係上、[8] 奥野陣七は橿原宮阯に関する多年の研究の結果を西内成郷に告げ、その御聖蹟の顕彰方を相談に及んだようである。その後、両人の関係はいかがであったか不明であるが、西内成郷は明治三十五年（一九〇二）二月三日に当神宮宮司に補せられ、同四十四年四月二日に五十七歳で逝去した。[9]

西内成郷は安政二年（一八五五）の生まれで、明治二十年（一八八七）に奈良県県会議員となり橿原宮址の研究と橿原神宮創建に尽力し、明治三十五年二月から明治四十四年四月に亡くなるまで第四代橿原神宮宮司であった。それにしても右の引用にみえる「在野無名の人奥野陣七」とは、決して奥野陣七を貶《おとし》めてのことではない。これはむしろ、奥野陣七の献身的な努力が正当に評価されていないことへの批判を込めた表現と解されるべきであろう。それよりも、「その後、両人（西内成郷と奥野陣七）の関係はいかがであったか不明である」とすることの方がよほど不可解である。先にはあれほど奥野陣七を誉めちぎっていた蒐田茂丸の筆が、橿原神宮創建の「主唱者」西内成郷の名が出てきた途端に「両人の関係はいかがであったか不明である」とは一体どうしたことなのであろうか。以下、西内成郷（あるいは橿原神宮）と奥野陣七の関係について、『橿原神宮史巻一』（昭和五十六年九月、橿原神宮庁）に収録された史料からみることにしたい。

橿原神宮と奥野陣七の蜜月

するとまず、奥野陣七また畝傍橿原教会は、橿原神宮の祭典の際に種々の奉納をしていることがわかる。明治二十七年（一八九四）四月二日の「私祭」には「競馬」「煙火」（花火）を、[10]明治二十八年五月五日には「能楽」を、[11]明治三十一年四月二〜三日には「煙火」[12]を奉納している。また、明治三十二年四月二〜三日には畝傍橿原教会が「主唱者」となって武術大会を催して奉納しているが、これは同年が柳生十兵衛の二百五十年忌に当たるためのものという。[13]この限りでは橿原神宮と畝傍橿原教会はそれぞれのたどってきた経緯や立場は異なっていても、神武天皇への尊崇・祭祀という共通の基盤の上に協力し合っていたと思われる。

しかし、橿原神宮と畝傍橿原教会との関係について考えるに際しては、以下のような見方の方が重要である。つまり畝傍橿原教会としても、ただ無条件に「競馬」「煙火（花火）」「能楽」を奉納していたのではなかったであろうということである。畝傍橿原教会にしてみれば、教勢の拡大を継続することは最重要課題である。積極的に橿原神宮の祭祀に協力し関係の強化を図るのも、そのための方策の一環であったことが忘れられてはならない。

「神符」を一手に申し請け

しかし、奥野陣七と橿原神宮との蜜月関係にもやがてひびが入るようになる。そのきっかけのひとつが、橿原神宮が頒布するお札、「神符」の利権であった。[14]「神符」とはこの場合、橿原神宮で災難を払い幸福を祈念するために参詣者に授与する札のことであるが、奥野陣七は、その「神符」の頒布を一手に引き受けたいと考えていた。橿原神宮宮司山根温知に宛てた明治二十七年（一八九四）六月十五日「上申書」では、次のように述べる。

・昨年の春以来、橿原神宮の「大麻」（「神符」）を数度社務所から畝傍橿原教会へ申し請け（お願いをして請い受けること）て、本会の信徒へ会則に規定された授与品とともに授与してきたが、信徒が自宅で「神符」を祭祀したいとの懇望が少なくなく、先月（明治二十七年五月）下旬の上京以来打ち合わせの通り内務省社寺局へ出頭し、「神符」を社務所から畝傍橿原教会へ一手に申し請けて「神符」を各府県の本会信徒に限って授与して差し支えないか問い合わせたところ、各官社の「神符」は信徒であるかどうかを問わず一般に頒布することはいけないが、橿原神宮の「神符」を畝傍橿原教会が一手に申し請けて信徒に授与することは差支えないとのことであった。

・しかし、念のため奈良県知事へ社務所から伺った上で畝傍橿原教会へ「神符」を一手に下附して頂ければ、今年は初めてのことなので額の見込みも立たないが、一年に金五百円以上の神符料を畝傍橿原教会より社務所へ必ず上納する。

ここにみえるのは、奥野陣七あるいは畝傍橿原教会の飽く無き拡大・発展への志向性である。そのためには、畝傍橿原教会としての独自性の発揮と橿原神宮との協調関係の構築とその誇示がいずれも必須であった。

西内成郷と奥野陣七の確執

しかし結局は、この畝傍橿原教会による「神符」の一手申し請けは実現しなかった。その後何年かを経て橿原神宮と畝傍橿原教会との関係は悪化する。

明治三十五年（一九〇二）十一月七日の「奥野陣七照会書ノ件ニ付内申」[15]は、奥野陣七から官幣大社橿原神宮宮司西内成郷へあてた「照会書」に対する反論である。つまり、この両者が書簡によって互いを非難したのである。これはいったいどうしたことであろうか。しかしその奥野陣七による「照会書」は『橿原神宮史巻一』には収録されておらず、専ら西内成郷による「奥野陣七照会書ノ件ニ付内申」からこの間の遣り取りを復元する他はない。それでもそこからは、右に縷々みた奥野陣七の経歴・著作のみからでは到底窺い得ないもうひとつの人物像が浮かび上がってくる。

「奥野陣七照会書ノ件ニ付内申」における西内成郷の主張の主要な論点は、①「橿原宮址」には三つの説（「畝傍山東南の橿原」「葛上郡の柏原」「豊浦の甘橿の宮」）があったが、この内自分（西内成郷）が主張した「畝傍山東南の橿原」が採用され、「皇祖御創業の霊地」としては奥野陣七だけが認めていた所は採用されず、自分が申し立てた「字高畑」「キザハシ」「宝賀」等が採用になったこと、②橿原の宮址の土地は自分が買っていたものを宮内省に買って貰ったがその間に不正はなく奥野陣七から何かいわれる筋合いはないこと、である。

しかし敢えて言えばこの二点は公的な性格を有する事柄と考えられるので、これについて「照会」するのもそれに答えるのもあり得ることである。しかし以下のような私的で瑣末なこととも思われる事柄もがここに記されているのは、右の①や②とは別の意味で注目されるものである。つまり、明治二十六年（一八九三）一月に「年酒《ねんしゅ》」（年賀の客にすすめる酒）を差し上げたいと無理やり奥野陣七の家に引き入れられたのをさも自分が奥野陣七に謝りに来たようにいわれたとか、奥野陣七に頼まれて三十冊も本を買ったが不要なので子どもにただでやったとかいったようなことである。両者の関係がいかにも良くない方向に進んでいることが、ここには如実に示されている。

奥野陣七の「有罪」と畝傍橿原教会の「認可取消」

かくて明治三十五年（一九〇二）十二月二十六日に、奥野陣七の有罪の宣告があった。起訴・裁判の経過や罪名は詳らかではなくこの間の経緯から推測する他はないが、すでに事態は決定的である。そしてついに橿原神宮宮司西内成郷は、畝傍橿原教会とその関連団体の「認可取消」を奈良県知事に求めるに至った。有罪の宣告の翌日の十二月二十七日付の県知事寺原長輝に宛てた「橿原教会認可取消方上申書」[16]（以下、「上申書」という）では、橿原神宮の近くに畝傍橿原教会があるため、橿原神宮への参拝人の奉納物について行き違いが生じており、しかも畝傍橿原教会にはしばしば「不都合の行為」があって橿原神宮の被害は少なくない、と不満を述べている。また、来年（明治三十六年）には大阪で第五回博覧会もあり橿原神宮への参拝人も多くなるので、畝傍橿原教会の取締方についてはすでに知事に言上し警察部へも打ち合わせをしてある、といい、最終的には「畝傍橿原教会の許可取消について英断」を求めている。

この「上申書」には「教会結社ニヨル弊害」が付されているが、そこでは「畝火教会」「畝火《(傍)》橿原教会」「畝傍太祖教会」の「認可取消」を求める理由が述べられている。しかしこのうち「畝火教会」

についてはその理由として教会長新海梅麿の逝去後の継承者がいないことが指摘されているだけであり、「畝傍太祖教会」については同教会固有の「弊害」についての言及はない。橿原神宮の矛先は、事実上畝傍橿原教会のみに向けられているのである。ところがその畝傍橿原教会の条をみると、まず冒頭の部分では奥野陣七の働きに評価を与えているのである。次の通りである。

・畝傍橿原教会は奥野陣七氏の経営で、（橿原）神宮の鎮座以前から白橿村大字畝傍にあった。
・奥野氏は普段から皇祖（神武天皇）の御神徳の「宣布《せんぷ》」（世に広くのべしらせること）の傍、皇祖の御遺跡が湮滅《いんめつ》することを嘆き、専らその研究・調査に努め、橿原宮址がおよそ畝火山の東南麓の畝傍部落の西方から今日の御社殿地一帯に当たると世に発表したことにより、（奥野）氏の蒐集した資料等が当時社会に重んじられたのである。[17]

奥野陣七による橿原神宮址の研究について「蒐集した資料等が当時社会に重んじられた」とするのは、すでにみた西内成郷による「内申」と比較してむしろ意外ですらある。しかしこの後様子が変わってくる。

・（橿原神宮の）鎮座の後は（奥野陣七は）神域が賑わうように力を尽くし、祭典等では武道・煙花・相撲等を奉納し、（橿原神宮への）参拝を奨励し、（橿原神宮の）信徒が全国に多いことを見て、明治二十七年（一八九四）に畝傍橿原教会が一手に（橿原）神宮の神符を人びとに頒布するのを伊勢神宮の大麻のようにしようとして、橿原神宮および（奈良）県当局に請願した。しかしこの事業には危険が伴なうことなので却下された。[18]

すでにみた「神符」（「大麻」）一件である。「教会結社ニヨル弊害」は次のように述べて畝傍橿原教会の条を締め括る。

・その後、畝傍橿原教会の態度が橿原神宮の方針と相容れなくなり、世の誤解を招く恐れも大きくなり、橿原神宮も畝傍橿原教会を疎んじるようになったためか、この頃になって衰退したということである。[19]

そして翌明治三十六年（一九〇三）一月に橿原神宮社務所は、『奈良新聞』『新大和新聞』『毎日新聞』に以下の内容の広告を掲載した。

・橿原神宮の近くの畝傍橿原教会を本宮の附属と認識する方もあるようだが、右教会は当神宮には毫《ごう》も（全く）関係ない。

・当宮の神符・神武天皇の御守札を配布し金銭・初穂等を集める輩がいるが、本宮では授与のほか御札の配布員は一切派出していない。このような者がいたら、本宮または警察に知らせてほしい。[20]

さらに同年一月九日には、西内成郷は「県下橿原教会処分方ノ儀ニ付伺[21]」(以下、「伺」という)を奈良県知事寺原長輝に提出した。前年末に橿原教会の認可取り消しを求めた「上申書」の決裁を促し、さらに奥野陣七を追い込んでいったのである。

この「伺」では、「上申書」で訴えた橿原教会の「不都合の行為」による被害を繰り返し述べたうえで、奥野陣七は昨年末に有罪を宣告されており同教会の認可取消は当然であろうが、同教会の管轄庁の奈良県庁は教会の処分をされたのか、と奈良県庁に早期の処分を迫っている。さらに、奥野陣七が教導職の身でありながら教規の数ヵ条について「違犯」しているのは、「官民ともに公然と認めている事実である」という。

こうした西内成郷の訴えが功を奏し、畝傍橿原教会は同年二月十六日に設立認可が取り消された。奈良県知事指令の「畝傍橿原教会及ビ畝傍太祖教会設立認可取消[22]」によれば、その理由は「不正ノ所為アリ、公安維持上差支候ニ付」(原文)というものであった。

橿原神宮大祭典会

さらに奥野陣七は橿原神宮の大祭典会「専務幹事」の地位をも追われる。西内成郷が奈良県知事寺原長輝に宛てた明治三十六年二月二十日「橿原神宮大祭典会ニ付内申[23]」に書き連ねた奥野陣七の「行状」を箇条書きにしてみよう。

・橿原神宮大祭典会の規約には、境内社務所の傍に事務所を設け、寄附金は八木・畝傍銀行に預け毎年の祭典に補充し紀念石灯籠も建てることになっているが、いずれも実行されていない。
・明治三十五年四月の祭典では目的通りに実行せず、寄附金は掲示等では二千八百余円、奥野陣七によれば千五百余円程というが、他からは余程多額とも聞く。
・事務所には会計台帳もない。前宮司から引き継ぎもなく詳細な名簿も手許にない。
・奥野陣七等は橿原神宮大祭典会を私有物のように扱い、八木静観楼・今井柳下亭で飲酒の費用を未だに支払わない。
・奥野陣七等は自分（西内成郷）に対し無根の説を書き諸方に配布し、「橿原神宮大祭典会幹事奥野陣七」の名義を乱用し、橿原神宮の標柱を持ち帰り、橿原神宮の被害は少なくない。
・第五回勧業博覧会のため橿原神宮の参拝人も多くなろう。四月の祭典も近く不正の奥野陣七が今も幹事のままで、畝傍橿原教会の廃止後も幹事名義でさまざまの謀を計画しているとも聞く。速やかに「除害」の英断を上申する。

「除害」とまでいうようでは、もはや両者の関係の修復は不可能である。それにしてもなぜ、西内成郷と奥野陣七また橿原神宮と畝傍橿原教会の関係はかくもこじれてしまったのであろうか。両者は本来、神武天皇尊崇を第一とすることでは志を同じくする。ともに手を取りあえる関係を維持することはできなかったのか。

国家神道と教派神道

この問題を考えるには、国家神道（神社神道）や教派神道といった枠組みを手掛かりにして考えることが有効と思われる。というのも本章1で指摘したように、橿原神宮は国家神道つまり国家による経営であり、畝傍橿原教会は教派神道（大成教）つまり教義の上でも経営体としての面でもひとつの独立した教団であったのである。従って、畝傍橿原教会を主宰する奥野陣七にとってはたゆみない教勢の拡大への努力が必須である。しかも、橿原神宮の鎮座よりも前から神武天皇陵に接して報国社を経営して神武天皇陵への参拝者を誘引し、かつ橿原宮址についての研究にも実績を重ね続けてきたという自信や自負も当然あったことであろう。

大阪へ

奥野陣七はその後橿原の地を離れ大阪に居を移す。明治四十二年（一九〇九）八月十五日発行の奥野陣七著『冨貴長寿の枝折』の奥付は、奥野陣七の住所を「大阪市東区上本町八丁目二百五番地」とするので、それまでには移転が完了していたことになる。奥野陣七はそこで、「家庭教育奨励会」と「奥野報国社」を経営した。同書に掲載されている「家庭教育奨励会創立主意書」の冒頭には「抑々《そもそも》本会創立《そうりつ》の主旨は国民の道徳を奨め忠孝の命資たる富貴長寿の方法を研究する事を励ます事でありまして、相互《さうご》の天寿《てんじゆ》の幸福《かうふく》を全《まつた》うし、倍々《ますく》国家《こくか》の隆盛《りうせい》を祈《いの》り度《た》き赤心《まごゝろ》でござります」[24]（原文）とあり、奥野報国社では「百歳以上の長寿を保つ霊剤」、また「恐れ多くも皇祖（神武天皇）の如く一百二十七歳まで長寿を保ち得らるゝ伝来」との宣伝文句を掲げた「長寿神武丸」や、「奥野《おくの》防臭剤《くさみよけ》」の販売に力を尽くした。

橿原の地には戻ったが

その後奥野陣七は再び橿原の地を踏むことになる。本章1の註2で述べた通り『冨貴長寿の枝折』には大正二年（一九一三）一月一日発行の版があり、[25]そこでは奥野陣七の住所を「奈良県高市郡白橿村大字畝傍二十一番地邸住」とする。これまでの間には奥野陣七は大阪から橿原に戻っていたのである。

またその『冨貴長寿の枝折』の同版は、その冒頭のページを年頭の挨拶に充てた後で、自らについて「官幣大社橿原神宮華表前／同神宮附属講社講員取扱所にて／支講長奥野陣七」とする。これによれば奥野陣七はすでに橿原神宮に附属する「講社講員取扱所」にあって「支講長」との肩書を有していたことになる。この期に及んで奥野陣七が生涯を賭けて標榜してきた報国社や畝傍橿原教会といった組織が独立して存する余地は、もう橿原の地のどこにもなかったのであろうか。

その後、奥野陣七は大正十五年（一九二六）九月七日に大阪市西成区の長女宅で亡くなった。享年八十五であった。[26]

その後の神武天皇陵・橿原神宮

さて橿原神宮は、その後隆盛の一途をたどった。寄付金や国費によって、宮域の拡張や施設の建設、そして全国からの献木を受け入れた森林の造成がなされて畝傍公園が完成し、また神武天皇陵の陵域も拡げられたのである。そして橿原神宮は画期を迎えることになる。

昭和十五年（一九四〇）の紀元二千六百年（『日本書紀』が示す橿原宮での神武天皇の即位から二六〇〇年の意）に関わる各種行事に、ごく当然のように神武天皇陵と橿原神宮はその中心として位置付けられたのである。紀元二千六百年事業と言えば、同年十一月十日から十四日に東京でなされた式典・奉祝会等がよく知られているが、ここでは、それに先立つ同年六月九日から十三日になされた伊勢神宮（六月十日）・神武天皇陵・橿原神宮（以上同十一日）への親拝を主な目的とした行幸をめぐってみることにしたい。

この橿原神宮親拝の前夜の様子を記す『大阪朝日新聞』六月十一日付（朝刊）第七面の記事は、「かくて十日夜ともなれば、畝傍《うねび》、八木、今井の町々の軒《のき》に赤誠《せきせい》の灯がともり、奉迎の提灯《ほうげい ちやうちん》に八咫烏《やたがらす》の紋がくつきりと浮びあがつた」「奉拝者団体で超満員の各旅館は粛として声ひとつなく、八紘寮の窓々の灯も早めに消え、こゝに浄夜を明かして六百人の警察官はいよ〳〵晴れの大任につくのだ」「傷夷軍人、勇士遺家族、高齢者ら特別奉拝者席の神橋脇に立てば、どこからともなく白木の香がただよひ、時をり夜露の降りた玉砂利を踏む警防団員の足音だけが聞え、その前夜の聖地は無限の森厳さに更けていつた」[27]（原文）とする。親拝前夜のいかにも独特な雰囲気がよく描写されている。

洞村の移転

しかしこの時期の神武天皇陵に眼を向けたとき、どうしても触れておかなければならないことがある。洞村の移転問題である。洞村は、竹口栄斎・本居宣長・蒲生君平そして北浦定政が神武天皇陵であることを主張した「丸山」（あるいは「字カシフ」「字加志《カシ》」「御陵山」）がある村であり、本書ではこれまでにもしばしば取り上げてきた。そしてそこは「穢多」村、つまり被差別部落であった。

　右にみたように神武天皇陵と橿原神宮の敷地は次第に拡張されてゆき、それに従ってその範囲にある民家はその都度移転を余儀なくされていた。その例は早くは明治年間からあったものの、大正年間には神武天皇陵の拡張のためとして洞村全体がその墓地を含めて移転の対象とされるに至ったのである。そしてその過程には、洞村が神武天皇陵を見下ろす位置にある被差別部落であることに起因する差別的言辞もなされたのである。[28]先にみた神武天皇陵や橿原神宮の興隆・殷賑《いんしん》の対極には、このような事実があったことは忘れられてはならない。

紀元二千六百年と「丸山」

　さて昭和十五年（一九四〇）の紀元二千六百年に際しては、何と「丸山」について注目すべき動向があった。「丸山」とは本書でこれまで縷々みてきたように竹口栄斎・本居宣長・蒲生君平・北浦定政が神武天皇陵であるとした所であるが、文久の修陵に際しては否定されたはずであった。それがこの段になってどうしたというのであろうか。

　この動向は、古代史を専攻する黒板勝美（明治七年〔一八七四〕～昭和二十一年〔一九四六〕）による紀元二千六百年記念事業に関わる発想にみられる。黒板勝美は昭和十二年（一九三七）十二月に紀元二千六百年奉祝会常議員を仰せ付けられているが、昭和十一年十一月以降病を得ていた。

　黒板勝美の発想というのは以下の通りである。つまり神武天皇陵は文久の修陵以来東から参道を進んで南面する拝所に至るようになっていたのであるが、それを黒板勝美は、拝所をそれまでとは反対の北側に移して北面させ、拝所とかつては「神武田」（ミサンサイ）であった神武天皇陵と畝傍山の中腹の「丸山」が一直線になるようにしたらどうか、というのである。そうすれば、神武天皇陵に拝礼をするとその延長線上には「丸山」が存することになるので、結果として「神武田」（ミサンサイ）と「丸山」の両方を拝むようになる。この発想は、そもそも「丸山」は文久の修陵以前は神武天皇陵とも考えられていたのであったことや、「神武田」（ミサンサイ）を神武天皇陵とした孝明天皇による「御達」でも「「丸山」の方も粗末にならないように」とされたことによるものと思われる。それにしてもこの黒板勝美の発想は、第五章2でみた富岡鉄斎が描いた「畝傍山御陵図」をいかにも髣髴《ほうふつ》とさせるものである。「丸山」を通じて、鉄斎と黒板勝美は繋がっていたのである。

結局この紀元二千六百年記念事業では、従来の参道を長くして南からまっすぐに南面する拝所に至るようにされたにとどまり、黒板勝美の発想は日の目をみることはなかった。しかしそれにしても、一旦は否定されたと思われた「丸山」説が、紀元二千六百年にあってたとえ実現はされなかったにしてもこのような発想が少なくとも何らかの形であれ浮かび上がってきたのである。ただただこの説の根強さを思わされるばかりである。[29]

第七章

消えない疑念

畝傍山の山容

1　白野夏雲の危惧

官吏にして研究者、宮司

畝傍山の全山そのものを神武天皇陵とする説を主張した人物がいる。白野夏雲《しらのかうん》という。北海道・鹿児島等の地理・鉱物・産業・生物等にわたる該博な知識を持つ官吏にして研究者である。その曽孫の白野仁が著した『白野夏雲』（一九八四年六月、北海道出版企画センター）によると、夏雲は文政十年（一八二七）に甲斐国都留郡白野村（山梨県大月市笹子町白野）で生まれた。静岡藩士であり旧氏名は今泉耕作という。明治五年（一八七二）二月に開拓使九等となって以降、物産局、内務省地理寮・地理局、鹿児島県属、農商務省属、北海道庁属等を経て明治二十三年二月に札幌神社宮司となり、明治三十二年（一八九九）九月八日に逝去した。著書としては、明治五年十一月二十八日の「徴兵告諭」の解説書である『徴兵告諭』（明治七年十月）の他、『かごしま案内』（明治十五年六月）・『麑海魚譜《げいかい》』上下（明治十六年三月）・『七島問答』巻一〜八（明治十七年）・『硯材誌』（明治十九年）、そして逝去後に出版された『十島図譜』（昭和八年六月）等がある。

しかしそれにしても、そのような夏雲がなぜ畝傍山全山を神武天皇陵とする説を主張したのであろうか。ともあれまずは、この説を述べた白野夏雲著『神武天皇御陵考』（明治十八年〔一八八五〕四月）を繙くことにしよう。

夏雲『神武天皇御陵考』

白野夏雲著『神武天皇御陵考』は宮内庁書陵部宮内公文書館と同部図書寮文庫に一部ずつ所蔵されているが、ともに写本であって白野夏雲による自筆本ではない。ここでは、この二本を比較・検討した本を用いる。[1]

さて夏雲著『神武天皇御陵考』は、何とも直截な文から始まる。ここでは原文のまま引こう（ただし、原文はカタカナ交じり文。また濁点を補った）。

> 大和国畝傍山の東北なる地名神武田中に於て文久三年（一八六三）の頃新に定めさせられし神武天皇御山陵の地は其当否いかが有べきやの事

「神武田」（ミサンサイ）に造営された神武天皇陵に対する疑義を、この上なくわかりやすく正面から突き付けている。

白野夏雲（白野仁『白野夏雲』より）

「御埋碑文」批判

白野夏雲は神武天皇陵「神武田」（ミサンサイ）説の否定のために、まず「御埋碑文」を取り上げる。この「御埋碑文」とはすでに第四章2と第六章1で述べたように、文久の修陵の際に神武天皇陵の「御土手」に埋められたものである。

この「御埋碑文」について夏雲は何と言っているのであろうか。まず夏雲は「御埋碑文」の内容を次のように要約する。

・陵の年代は悠かに遠く封土は荒れ、「民」は収穫のために田とし、「美佐牟邪伊（ミサムザイ）」[2]との地名だけが残る。「美佐牟邪伊」とは御陵のことである。調べて「封限」（範囲）もわかった。
・侵蝕を防ぐために「隍《ほり》」を四周に設け、約一丈（約三・〇三メートル）を掘りしばしば「朽木」を出し、「瓦器」（がき、かわらけ。古代の灰黒色の土器）等多数を得た。大きさは一様ではない。「製」は「古朴」で恐らく「上世祭祀ノ具」であり、撤した後に傍の閑地に積んだ。

夏雲は、「御埋碑文」をこのように認識していたのである。その上で白野夏雲は次のように述べる。要は「御埋碑文」の全否定である。

・「封限」がわかったというがどのように調べたのか。「御埋碑文」は、「美佐牟邪伊」（ミサムザイ）との地を掘って「朽木」「瓦器」多くと「古祭器」を得たことや「美佐牟邪伊」（ミサムザイ）との地名を、「神武田」が神武天皇陵であることの根拠とする。しかし「美佐牟邪伊」（ミサムザイ）との地名は本州の至る所にある。また、山陵の築造は厳密であり、当時は木材は用いなかったのだから「朽木」が出る訳がない。出たのならその理由をよく考えなければならない。「古器物」を出す地も諸州にある。まして本州なら(「古器物」が)出ない所はない。

・つまり、「美佐牟邪伊」の地名も「古器物」が出たというのも、そこが神武天皇陵であることの確かな根拠にはならない。まして「朽木」が出たのであれば、むしろ(そこが神武天皇陵であることを)疑わなければならない。

「朽木」が出土したことはかえって「神武田」(ミサンサイ)が神武天皇陵でない証拠だ、というのである。ここにこそ、夏雲の神武天皇陵についての考え方の真骨頂が発揮されている。

しかし翻ってみれば、すでに第四章2でみたように、「埋碑」に刻された神武天皇陵の「成功」を記念する文章を著したのは谷森善臣なのであるから、右に夏雲が「御埋碑文」から引用した「「美佐牟邪伊」(ミサムザイ)との地を掘って「朽木」「瓦器」多くと「古祭器」を得たことや「美佐牟邪伊」(ミサムザイ)との地名を、「神武田」が神武天皇陵であることとの根拠とする」というのは、当然谷森善臣の説である。これに対して夏雲は「山陵の築造は厳密であり、当時は木材は用いなかったのだから「朽木」が出る訳がない。出たのならその理由をよく考えなければならない。「古器物」を出す地も諸州にある。まして本州なら(「古器物」が)出ない所はない」「まして「朽木」が出たのであれば、むしろ(そこが神武天皇陵であることを)疑わなければならない」と、谷森善臣の説を全否定するのである。つまりここにみえるのは、「神武田」(ミサンサイ)からの出土品をめぐって闘わされた、そこが真の神武天皇陵であるかどうかについての議論なのである。

『古事記』『日本書紀』

これまでにも縷々みてきたように、『古事記』『日本書紀』は神武天皇陵を論じる際の根本史料である。それについて白野夏雲は何といっているのか。

・『古事記』のいう「白檮ノ尾上」に神武天皇陵はある。畝火山の「北方」の「白檮ノ尾上」を探せばそこにある。『日本書紀』にみえる「東北陵」は「ウシトラノスミノミサ、ギ」と読む。畝火山の「丑寅《うしとら》（東北）ノ隅」に神武天皇陵はある。

・「白檮ノ尾上」「丑寅（東北）ノ隅」でもない所に「ミサムザイ」の地名があっても、掘って「古器物」が出てきてもまた「御石棺」に「行当」っても、それは別の御陵である。

ここに、夏雲が示す神武天皇陵研究法の根源が明らかである。『古事記』『日本書紀』を原典として尊重し、他の文献史料や考古資料とは一線を画すのである。

また夏雲は、『日本書紀』に皇位を継承した綏靖天皇がその亡父神武天皇の陵の「経営」（縄張りをして普請をすること）に三年かかったとすることを指摘して、次のように述べる。

・神武天皇陵は「至大森厳」であり、「千万年ノ後」であっても決して「無智ノ細民等」が農具で平らにできるようなものではない。（それが）できる位ならどうして皇太子（綏靖天皇）が喪葬を司るのか。山陵の為に三年もかけるのか。
・皇太子の孝純、大勲のある神武天皇陵、当時の「開国」（新しく国を建てること。建国。幕末期に多く用いられた外国との通信・貿易を始めるとの意ではない）の勢い、薩摩・大隅・日向の神代三陵や「畿内近州」の大陵の壮大さ等を考えれば、「御埋碑文」の説は信頼できない。

ただしここに夏雲が「山陵の為に三年もかけるのか」（傍点引用者）というのは、『日本書紀』が神武天皇が亡くなった翌年の九月十二日に畝傍山東北陵に葬られたとするのと齟齬《そご》がある。

ここにも、夏雲の説の特徴が極めて良くあらわれている。つまり、神武天皇陵がそのように小規模である訳はなく、大規模な陵を造営できるだけの年月はあったとした上で、九州の神代三陵（瓊瓊杵尊・彦火火出見尊・鸕鷀草葺不合尊の陵、つまり神武天皇の曽祖父・祖父・父の墓）や「畿内近州」の壮大な「大陵」の存在を指摘する。

夏雲はそのうえで神武天皇陵に関する各種の文献を引用・検討するのであるが、その文献はすでにみた「御埋碑文」『古事記』『日本書紀』のほか、『大日本史』『前王廟陵記』『諸陵周垣成就記』『広大和名勝志』『古事記伝』『山陵志』『聖蹟図志』と多岐にわたる。そして、これらのうち『古事記』『日本書紀』を除く文献が主張する説を全て誤っていると否定し、自説を開陳するのである。

畝火山全山が神武天皇陵

そして白野夏雲は、神武天皇陵についての自説を述べるにあたって、まず畝火山の「形勢」の検討からはじめる。その要旨は次の通りである。

・畝火山の形勢は東北に聳《そび》え岨《そばだ》ち西南に寛《ゆる》く延びた野中に独立した「岳山」である。山勢が寛《ゆる》く延び「帝都」（橿原宮）に向った西南面が「表面」で、これに背を向けて聳え岨った東北面が「裏面」である。

・それでは、『古事記』が言う「白檮ノ尾上」とはどこか。「尾上」「尾」が我が俗では古くから「山ノ嶺」であるなら、畝火山の南方で「橿樹」が多い所を「橿原ノ宮」としたのであり、「宮樹」（「白橿」）が畝火山頂まで連なるのなら、畝火山の頂も「橿ノ尾上」と称したのであろう。畝火山の頂が「白檮ノ尾上」なら、神武天皇陵はそこになくてはならない。

・次いで『日本書紀』の「丑寅《うしとら》（東北）ノ嵎」はどうか。畝火山は東北に切り立ち西南に寛く延び、更に東北に向って少しずつ高くなるのであるから、一番高い所が「白檮ノ尾上」であり「丑寅ノ嵎」である。

・『古事記』の「白檮ノ尾上」が『日本書紀』の「丑寅ノ嵎ノ御陵」なら、畝火山の「表面」が「帝都」に向いた西南の麓に畝火山口神社の址があることからも、当時まさに「畝火山全山」（傍点引用者）を「皇祖」（神武天皇）の「御陵山」と定められたことは明らかである。

ここに夏雲の結論が明白である。畝火山の「全山」こそが神武天皇陵というのである。

夏雲はさらに続けて、「（本居宣長の）『古事記伝』が綏靖天皇陵（ここではスイセン塚古墳〔奈良県橿原市慈明寺町〕）を神武天皇陵とし、（蒲生君平著）『山陵志』が神八井耳命の冢を神武天皇陵とするのは「臆断《おくだん》」（根拠のない推測）である」とする。そして自説については、「自分（夏雲）が畝火山全山を「御陵山」（神武天皇陵）とし、その山頂を「白檮ノ尾上」とするのもまた「臆断」というのか。しかし「臆断」とは皆その人の卓見であるから、多くの人びとの「臆断」を集めて「塩土老翁」を待って教えを乞いたい」と、自らの「臆断」に限っては「卓見」だというのである。

それにしても仮に白野夏雲のいうように畝傍山全体（「畝火山全山」）が神武天皇陵であるということにでもなれば、その麓に神武天皇自らが営んだ橿原宮が存するその光景は、『古事記』『日本書紀』が描く「東征」の大団円まさにそのものであろう。いかにも初代天皇の事績を偲ぶよすがとして相応しくも思われる。

しかし、この夏雲の説はなぜか公に発表されることもなかったと思われる。すでに紹介した夏雲についての唯一のまとまった書籍である白野仁著『白野夏雲』にも、この『神武天皇御陵考』は紹介されていない。

神武天皇陵への疑念

さて白野夏雲著『神武天皇御陵考』の最後の部分の以下の一節は、本書の視点から何としても見逃すことができない。

この御陵地（神武田〔ミサンサイ〕に造営された神武天皇陵）がかねてから違っていたことは、

往々にして世の中の人びと（「世人」）による私的な議論（「私評」）が少なくない。自分（夏雲）等も何度か本州に入ってこの新しい御陵を拝むごとに、果たして世の中の人びとの私的な議論（「世人私評」）のように、全く真実の場所ではないと深く疑っている。

これによれば明治十八年（一八八五）四月頃にあってもなお、「神武田」（ミサンサイ）は実は真の神武天皇陵ではないという考えが、「世人」によって少なからず「私評」として存在していたことが知られる。より詳細な説明が欲しい所であるが、白野夏雲はこれ以上のことには全く触れないままである。夏雲の胸中に存する文久の修陵に際して成った神武天皇陵への懐疑の念は、この新しい御陵を拝むごとに生ずるというのであるから根は深いというべきである。

夏雲の危惧

それでも「神武田」（ミサンサイ）の神武天皇陵は、孝明天皇がそこと定め明治天皇もそれと確かに認め自ら拝した場所である。そのような御陵に対して尊崇の念を持たなくて良いのかという悩みは、当然白野夏雲も抱いたところであった。

皇国の臣民で親しく御陵を奉拝しようとする者でも、その心中にすでに御陵の所在地の真偽に疑問を抱くのなら、「敬畏尊信《けいいそんしん》」の心は何により生ずるのか。もしその疑惑を措いて強いて「敬畏尊信」のかたち（のみ）を学ぶのなら、かえってこれを瀆《けが》すものである。

そして夏雲が恐れていたのは、そうした疑惑に「外人」が気付いてしまったらどうなるのか、ということであった。というのもこの頃には、各国から来航した「お雇い外国人」のなかには日本の古典を研究し古語の解釈に取り組む知識人も現れていたからである。もし、こうした「外人」がたまたま神武天皇陵の所在地の問題に気付き、その真偽について世上に「論弁」しあるいは内外の新聞等に「掲載」「吹聴」などすることがあれば皇国の「御体裁」にも響くであろう、というのである。

しかも自分自身が「皇国臣民」の務めとして微力を尽くして研究し、現在の御陵が「御真地」でないことを知ってしまった以上これを黙っていることは「不忠の至り」であるとして、これを黙っていることがもたらすもう一つの不安を述べている。

幸いにも今後「外人」等の発言にもかかわらず、世の「私語」（ひそかに話すこと）もこのまま近いうちに消えてしまえば、終に「万世不抜」の御勲業がある神武天皇の「御大陵」は永遠にその「御真地」を失なう。（もしそうなれば、）今の幸いは却って皇国臣民の大不幸のこれに過ぎるものはない。

白野夏雲はこのように『神武天皇御陵考』を終える。ここには、ふたつの危惧が示されているものとして考えることができよう。それはひとつには「外人」の反応までをもその視野に収めた上での危惧であり、もうひとつにはこのまま「神武田」（ミサンサイ）の神武天皇陵の存在が既成事実となってしまえば真の神武天皇陵は永遠に失なわれるであろうという危惧である。

このうちまず後者の危惧は、まさにその通りになった。今日、神武天皇のことを知ろうとしたり考えようとしたりする人びとですら数少ないと思われるのに、ましてや神武天皇陵のこと、そしてその「異説」とされたいくつかの地について知ろうとしたり考えようとしたりする人びとがいったいどの位いるというのであろう。

そして、その前者の危惧もまた決して的外れのものなどではなかった。いや、的外れどころではない。白野夏雲が『神武天皇御陵考』を著した明治十八年（一八八五）四月よりは何年か後のことにはなるが、実際に神武天皇陵に疑問を感じた「外人」が二人も現れたのである。

2　お雇い外国人の視点

ゴーランドとヒッチコックの来日

明治二十一年（一八八八）四月二日から翌三日、つまり『日本書紀』が示す神武天皇が崩御した三月十一日を新暦に換算した日の前日と当日にかけて、神武天皇陵を訪れた二人の外国人がいた。四月三日には、神武天皇祭が神武天皇陵の現地で営まれたのである。この二人は、英国人ウィリアム＝ゴーランド（一八四二年〔天保十三〕～一九二二年〔大正十一〕）と米国人ロマイン＝ヒッチコック（一八五一年〔嘉永四〕～一九二三年〔大正十二〕）である。

二人ともいわゆるお雇い外国人で、ゴーランドは王立化学専門学校・王立鉱山学校で鉱業・冶金学を学び、ブロートン銅会社で化学および冶金技師を務めた後、日本から招請を受けて明治五年（一八七二）に来日し、大阪造幣寮等での勤務の傍ら余暇には各地の古墳を実地に調査していた。一方のヒッチコックはコロンビア大学鉱業学部で学んだ後リーハイ大学で化学科の助教授を務めまたワシントンD．C．の国立博物館のキュレーターとなる等した後、やはり日本からの招請により明治十九年（一八八六）八月に来日し、大阪の第三高等中学校で英語を教え、やはり余暇には近畿の古墳や北海道に足をのばしてアイヌ民族の調査をも手掛けていた。

この二人が連れ立って、「神武田」（ミサンサイ）の神武天皇陵を訪れたのである。少なくとも二人の滞日中にはこの際の観察記録等が公にされることはなかったようであるが、それぞれ帰国後に研究誌に寄せた論文の中でこの際の知見や見解等を載せている。以下これをみることにしたい。

なおここで取り上げるゴーランドとヒッチコックについては、W・ゴーランド著、上田宏範校註・監修、稲本忠雄訳『日本古墳文化論――ゴーランド考古論集』（昭和五十六年七月、創元社）とロマイン・ヒッチコック著、澤田麗荘訳、上田宏範監訳・編集『ロマイン・ヒッチコック――滞日二か年の足跡』（二〇〇六年十一月、社団法人橿原考古学協会）に本文・訳文等を含めて依拠した。

ゴーランドの論文

まずゴーランドである。ゴーランドは明治二十一年（一八八八）十二月二十四日に日本を発ったが、それから約十八年後の明治四十年（一九〇七）一月に「日本の初期天皇陵とドルメン」を『王立人類学協会雑誌』第三十七巻に発表した。ここでは、『日本古墳文化論』から同論文の関連部分を左に引く。

初代の天皇神武のものと推定される墳丘が、畝傍山の上になくてそのふもとの平地にあるとはおかしな話であって、古い伝承記録によれば、最も初期の天皇たちはすべて自然丘の山頂か、先端に埋葬されたはずである。

この〝ミササギ〟は、構造が古代の陵のどれとも全然違っており、考古学的価値はほとんどない。いかなる根拠に立ってこの〝ミササギ〟の形が考えつかれたかは、想像すら困難である。しかし、ここに記述するだけの価値があろうと思えるのは、時の政府が、何をもって、天皇家の初代の御陵にふさわしいと考えたかを、示してくれるからである。[3]

右の引用の前段の「初代の天皇神武のものと推定される墳丘が、畝傍山の上になくてそのふもとの平地にあるとはおかしな話であって、古い伝承記録によれば、最も初期の天皇たちはすべて自然丘の山頂か、先端に埋葬されたはずである」というのは、神武天皇陵が「神武田」（ミサンサイ）に存することについての強烈な否定に他ならない。ゴーランドがこういうのは、本書でも繰り返し示している『古事記』に「畝火山之北方、白檮尾上」、『日本書紀』に「畝傍山東北陵」とあることの率直な反映と思われる。それにしてもゴーランドの「畝傍山の上になくてそのふもとの平地にあるとはおかしな話」との言は、どうしても竹口栄斎・本居宣長・蒲生君平そして北浦定政による神武天皇陵「丸山」

（あるいは「字カシフ」「字加志《カシ》」「御陵山」）説、さらには白野夏雲の畝火山全山を神武天皇陵とする説をさえ想起させる。ともなれば、ゴーランドのこのような考えは、神武天皇陵「神武田」（ミサンサイ）説に立った人びとや文久の修陵における神武天皇陵の「神武田」（ミサンサイ）への造営にあたった人びとには、到底受け入れることができないものであろう。

続けてゴーランドは、神武天皇陵で執り行なわれた祭祀の様子を描写する。

一八八八年（明治二十一）の四月二日に訪れた時には、今述べた二つの鳥居の間に、天皇死没の四月三日に行なわれる神武天皇祭のために、新しい木造の仮小屋が建てられていた。その日は〝ミカド〟の代理が墓を訪れ、慣例の供献をするのである。この役人は〝勅使〟（皇家の使者）と呼ばれ、以下に述べる供物と一緒に〝ミカド〟からの特別な献物を奉納するのだが、私はその内容を確かめることができなかった。

供物は、タイ、ノリ、塩、酒、餅、ワサビ大根、ミカン、キジ、ノガモといった、海、川、山の産物で、一一個の三宝（白木の祭祀台）にのせられている。

餅と酒による供儀式が、外門で、神主らによって捧げられるが、それは写真19［略］に示した。供物をのせた三つの三宝が、司宰する神主たちの前の台上に置かれている。一般人は、濠の外側の門まで行けるだけで、そこで墓に敬意を払うのである。

今までに発見された日本最古の土器は、現在の濠を掘っていた時に、この〝ミササギ〟の小墳近くで発掘された素朴な容器である。

挿図31［略］はその一つで、現在大英博物館のゴーランド・コレクションにはいっている。それとあまり変わらぬものが、亡くなった日本の考古学者蜷川《にながわ》［式胤《のりたね》］の『観古図説』に、図入りで解説してある。[4]

当時の神武天皇陵での祭祀について、観察し得た範囲を能う限り客観的に描写した観察記録として甚だ貴重である。そして、「〝ミカド〟からの特別な献物」の内容を確認できなかったことや、「一般人は、濠の外側の門まで行けるだけ」であることを記したことは、当時の神武天皇陵への祭祀の一端をよく示すものである。[5]

ヒッチコックの論文

次いでヒッチコックである。ヒッチコックも明治二十一年（一八八八）九月末頃に離日したが、明治二十四年（一八九一）に「日本の古墳」を『合衆国ナショナルミュージアム報告書』に発表した。[6]ここでは、『ロマイン・ヒッチコック——滞日二か年の足跡』から関連部分を左に引く。

初めの十五代の帝［Mikado］たちは、殆どすべて大和地方に葬られた。最初の帝、神武天皇は紀元前七世紀に在世し、一二七歳の天寿を全うして、誰もが知っている大和の有名な畝傍山［Unebi Yama］に埋葬されたといわれている。この山は小さいものだが、広びろとした大和平野の中にあって、数マイル（一マイル＝約一・六キロメートル）四方の、どこからでもはっきりと望むことができる。埋葬場所（神武天皇陵〈四条ミサンザイ古墳〉）[7]は山麓に近い平野の中にあり、今では見事な石垣で囲まれている。写真〔図版4〕〔略〕は畝傍山の山腹から撮ったものである。その広い境域へは、右に見える一群の家屋の向かいにある、幅の広い門から入るようになっている。素晴らしい玉砂利の道が、内側の石囲いを取り巻いていて、特定の日には限られた人びとだけが入ることを許され、南向きの内壁の中央に見える鳥居［torii］、すなわち陵の門の前で礼拝する。毎年、天皇は亡くなった彼の祖先に供え物をするために、この地に勅使を派遣する。この儀式は四月三日に、役人と一団の兵士を前にして催される。[8]

神武天皇陵とその周辺の景観をいかにも美しく描写し、また、毎年四月三日になされる祭祀についても丁寧に述べている。

しかし、次に引く段は、神武天皇陵から広く「同時代の他の天皇陵」まで範囲を拡げた議論であるのと同時に、明治政府による陵墓管理についての厳しい批判ともなっている。

これらの古墳が、政府によって修築・整備されていくのは、まことに遺憾なことである。というのは、そのため古墳の原形の特徴が、見分けもつかないほどに変形してしまっているからである。上述の墳丘におけるこのような事実については、恰好の証例を私たちは持ち合わせている。少し以前［一八八二年（明治十五年）］までは、それは古い木柵で八画形（角）[9]に囲まれており、南端まで三十三歩ほどであった。今では陵域は方形となって、随分広くなっている。考古学者がこのような政府の意図を見て、危惧（傍点引用者）するのは尤もなことである。というのは、神話時代の帝たちの古い墳墓が、あまりに改変され続けると、その結果それらのもつ元の特徴や形状が永久に失われてしまうからである。白い石垣、彫刻のある石灯籠、鳥居、そして玉砂利を敷いた道（の現状）からは、往時の純粋な簡素さといったものを思い浮かべることは不可能なことである。大和の地で既に行われて来たこのような改変は、人類・民族学者から見ても、全く容認できるものではない。[10]

ここでヒッチコックは「考古学者」の口を藉《か》りて、明治政府が天皇陵として相応しいものとすべく行なっている古墳の管理は、古墳の本来の姿を後世に永く伝えようとする見地からは決して容認できるものではないことを明確に言い切り、右の引用においてはそのことを「危惧」と表現している。この点でこのヒッチコック論文は、すでにみたゴーランド論文よりもさらに突っ込んだ主張を持つものといってよい。

翻ってみれば、白野夏雲が抱いた「外人」による「論弁」などがなされることについての危惧はまさに当たっていたのである。もちろんゴーランドもヒッチコックも、このことについて日本国内で「論弁」などするつもりもまたそのような機会もなかったとは思われるが、それでもこの二人は現地での観察によって神武天皇陵が有するさまざまな問題点をよく見抜いて、それを帰国の後にそれぞれの母国において論文として公表したのである。

白野夏雲の危惧は、決して杞憂などではなかったのである。

終章 紀元節から「建国記念の日」へ

「皇紀二千六百年」の紀元節で靖国神社に詣でる人々。昭和 15 年 2 月 11 日

いよいよ終章である。書名が『神武天皇の歴史学』でありながら、実際に扱ってきた内容がいささか神武天皇陵に偏したことは否めないが、それでも、近世から近代にかけて神武天皇（あるいは神武天皇陵）がどのように位置付けられてきたかについてはたどることができた。

それでは終章では何を論ずることになるのか。それはやはり「建国記念の日」とその前身の「紀元節」、そして序章でもみたそもそも神武天皇の歴史学は可能であるか、という問題である。さっそく始めることにしよう。

終戦と神武天皇

「建国記念の日」は、法律が改正されない限り毎年必ず二月十一日にやってくる。しかもその日は、『日本書紀』の示す神武天皇が橿原で即位した神武天皇元年正月庚辰《かのえたつ》朔《ついたち》を太陽暦に換算した日である「紀元節」の後身である。まさに『神武天皇の歴史学』を書名とする本書がその締め括りに取り上げるに相応しい主題である。

昭和戦前・戦中期において、神武天皇の存在はまさに有史以来の大きさ重さとなっていた。しかし昭和二十年（一九四五）八月十五日の終戦を経て、わが国での天皇の位置づけは大きく変わり、当然神武天皇に対する認識も大転換した。

「大日本帝国憲法」は廃されて「日本国憲法」が制定され、天皇も神聖にして侵すべからざる統治者から日本国ないし日本国民統合の象徴へとその地位が根本的に改められた。国家の宗教としての国家神道（神社神道）は解体され、神社は宗教法人として存続することとなった。当然「皇室典範」も全面的に改められて天皇による祭祀もその法的根拠を喪失し、天皇陵についてもその位置付けが改めて問われることになった。

神武天皇についてみれば、学校教育において全く駆逐された訳でもないが、例えば高等学校の教科書では「神武景気」等でわずかに取り上げられる程度である。これについても、序章2ですでにみたところである。

そうしたなかでほとんど唯一今も神武天皇を想起させる機会になっているのが、二月十一日の「建国記念の日」である。その日付から見ての通り、この日は戦前の「紀元節」にあたる。しかし戦後において事実上「紀元節」を復活させ「非実在」の歴史上の人物に由来する記念日を制定するには、大変激しい議論を必要としたのだった。

二月十一日の「建国記念の日」

「建国記念の日」は国民の祝日であり、「国民の祝日に関する法律」が規定するところである。それによると「建国記念の日」については、「建国をしのび、国を愛する心を養う」とされている。しかしそれを何月何日にするかは、「国民の祝日に関する法律」は「政令で定める日」とするのみで具体的な月日を記さない。そこで該当する政令をみると「国民の祝日に関する法律第二条に規定する建国記念の日は、二月十一日とする」（昭和四十一年政令第三七六号）とある。他の祝日の月日が「国民の祝日に関する法律」に直接記されているにもかかわらず、「建国記念の日」だけがその月日を知るのに政令に当たらなければわからない。少なくともその分だけは、「建国記念の日」は他の祝日よりもややこしい祝日であるということはできよう。[1]

ところが、なぜ二月十一日が「建国記念の日」であるかについては、法律にも政令にも説明がない。「もともとは紀元節の日だから」などとは書いていないのである。もっともその点についていえば、「国民の祝日に関する法律」は他の祝日についてもそのような説明は一切ないから、ことさら異とすることもないのかも知れない。それに「成人の日」や「海の日」「敬老の日」のように、国民の祝日はしばしば日が変更される。しかし「成人の日」にしても「海の日」にしても「敬老の日」にしても、そして「スポーツの日」(あるいはその前身の「体育の日」)にしても、もともとはそれらの祝日には固有の日が当てられていてそれにはそれなりのいわれがある日があったのである。[2] 同じように、「建国記念の日」が二月十一日であることの理由は、やはりその日が「紀元節」であったからということにほかならない。

「紀元節」は何月何日か

ではなぜ、二月十一日が紀元節すなわち神武天皇即位の日とされてきたのであろうか。そして、それはいつどのように定められたのであろうか。

「紀元節」は、明治六年(一八七三)から昭和二十三年(一九四八)にかけて行なわれていた。「二月十一日」という日付は、『日本書紀』のいう神武天皇の橿原宮での即位の日つまり「辛酉年春正月庚辰朔《ついたち》」を新暦に換算したという月日のことである。そして、新暦に換算した月日という以上は、明治六年の改暦（旧暦の明治五年十二月三日を新暦の明治六年一月一日とした）以降のことである。すなわち紀元節は明治初期における近代化政策の過程において成立した祝日なのであって、決してそれ以前からあったものではない。

以下、具体的にこの経緯をたどってみることにしたい。太陽暦導入の明治六年（一八七三）を間近に控えた明治五年十一月十五日の「布告」で、一月二十九日が神武天皇の即位日に相当することと同日を祝日とすることを定め、以降例年祭典が執行されることが示された[3]。そして翌明治六年一月四日

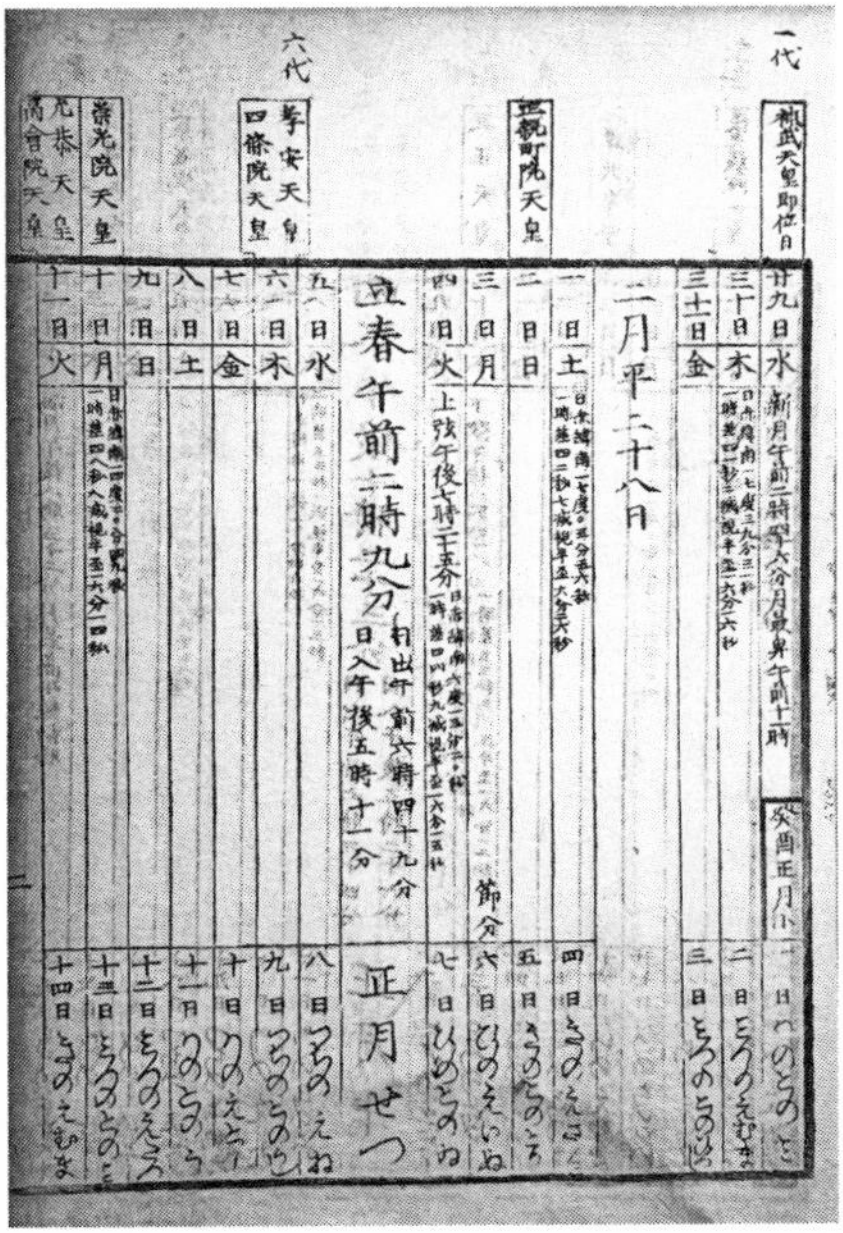

『神武天皇即位紀元二千五百三十三年　明治六年太陽暦』には、「神武天皇即位日」が「1月29日」とある。（著者所蔵）

の「布告」では、五節句（人日《じんじつ》・上巳《じょうし》・端午《たんご》・七夕《しちせき》・重陽《ちょうよう》）を廃し、「神武天皇即位日」と「天長節」（明治天皇の誕生日）が定められ、同年十月十四日の「布告」で、「年中祭日祝日等ノ休暇日」について二月十一日の「紀元節」と、「元始祭（一月三日）」「新年宴会（一月五日）」「孝明天皇祭（一月三十日）」「神武天皇祭（四月三日）」「神嘗祭（九月十七日）」「天長節（十一月三日）」「新嘗祭（十一月二十三日）」が定められたのである。つまり、新暦への改暦にあわせて五節句が廃され、そのかわりに「元始祭」「新年宴会」「孝明天皇祭」「紀元節」「神武天皇祭」「神嘗祭」「天長節」「新嘗祭」が置かれたということになる。

さて話を紀元節に戻すと、やはり明治五年の段階で一月二十九日とされ、実際に同日には紀元節が挙行されたにもかかわらず、それがなぜ翌明治六年には二月十一日に改められ、しかもその翌年以降は二月十一日に固定されたのかという点が何とも不可解である。

もっとも明治五年十一月二十三日の「布告」では、今般頒行された太陽暦に掲載された「御祝日」「御祭日」等の月日は「当分御仮定」のものであり、追って「月日精細推歩《つきひせいさいすいほ》」（月と太陽の運行を詳しく計算すること）の上で「確定」するからそのように心得よ、とある。これをそのまま受け止めれば、明治五年から六年にかけての「月日精細推歩」の成果として（つまり換算のし直しの結果として）紀元節の月日が一月二十九日から二月十一日に改められたとみるべきなのであろう[4]。ただし、新暦を採用した明治六年の一月二十九日は旧暦によれば正月一日なのであるから、その点では明治六年における一月二十九日が紀元節であるのは、『日本書紀』の示す神武天皇即位の「春正月《（一月）》庚辰朔《（一日）》」と月日は一致するので、少なくとも新暦採用の初年である明治六年における紀元節の日としての説明はつく。

しかし、明治七年における旧暦の正月一日に相当する月日は二月十七日であった[5]にもかかわらず、紀元節は二月十一日に変更され、しかもそれがそのまま継続されるに至ったのである。なぜ二月十一日は新暦における神武天皇即位の日として唯一相応しいのであろうか。これについては、いったんは一月二十九日に決められたものの「翌30日が孝明天皇祭であることなどから、2月11日に変更[6]」されたとの説明をする向きもあるが、そのことを実証する史料はどこにあるのであろうか。「月日精細推歩」の内実を知りたいところである。少なくとも、なぜ二月十一日なのかという疑問には答えてはいない。

「建国記念の日」の実施

その「紀元節」は、昭和二十三年（一九四八）七月二十日に公布された「国民の祝日に関する法律」によって廃止された。これは、戦後の政治的な環境を思えばむしろ当然の流れともいえよう。その後年月を経て「紀元節」を復活させようとする動向が顕著になると同時に、反対にこれを阻止しようとする動向もまた顕著になった。この両者の対立は政治問題化したが、結局昭和四十一年（一九六六）六月二十五日に祝日法改正案が参議院本会議で可決されて成立し、「建国記念の日」が国民の祝日に加えられるに至った。ただし先にもみた通り、「国民の祝日に関する法律」にはその「建国記念の日」の月日は政令で定めるとされており、建国記念日審議会による審議・答申を経て、政令によって同年十二月九日に「建国記念の日」が二月十一日とされ、これが翌昭和四十二年二月十一日から実施されて今日に至っている。

各紙の論調

この間になされた賛成・反対の議論はまさに枚挙に遑《いとま》がないが、ここでは各紙からいくつか関連の記事を紹介して、社会一般のこの問題についての受け止め方を概観することにしたい。まずは政令公布を報じる『読売新聞』の記事である。

『読売新聞』昭和四十一年(一九六六)十二月九日(朝刊)第一面

「「2月11日」を審議会答申/建国記念の日 きょう政令公布/すっきりせぬ国民/野党、国会で追及の構え」

(略)

答申の結果が二月十一日となることが確定的であっただけに答申決定の方法と形式が注目されていたが、出席委員による多数決制はとらず「二月十一日を建国記念の日とする審議会の意見」とすることに全員が賛成する形をとった。これは、菅原会長(引用註、菅原通済)の説明によると①決をとるまでもなく、賛成意見と反対意見の差が開いていた②国民の祝日をきめるのに決をとって委員の感情的対立を避けた―ためだという。

審議会が発足するさい「審議会の議決は全員一致で」と要望していた野党は、すかさず答申への反対声明を発表、ことに社会党は、党大会中に答申が出されたこともあって〝抜き打ち答申〟だとして非難しており、国会の場でも政府をきびしく追及する構えである。

また紀元節問題懇談会、国民文化会議など、二月十一日に反対する歴史学者や文化人団体も、こんごも二月十一日の反対運動を続けていく方針でいる。他方、建国記念の日が、国の発祥とからんで、学校の歴史教育に与える影響が大きいだけに、こんご日教組を中心とした反対運動も激しくなることが予想される。建国記念日がきまったとはいえ、国民こぞって祝える祝日になるかどうか、ここ当分は期待されそうもない。

二月十一日を「建国記念の日」とすることに対し、世論が大きく割れていたことがうかがえる。そしていよいよ翌年二月十一日、初めての「その日」を迎えて『朝日新聞』のコラム「天声人語」はこう批判する。

『朝日新聞』昭和四十二年（一九六七）二月十一日（朝刊）第一面
天声人語
一方では建国記念の日の奉祝大会が行われ、雲にそびゆる高千穂の……と昔の紀元節の歌がとどろき、宣伝カーを先頭に日の丸行進曲がはじまる。他方では祝日を返上しようと、大学生の〝抗議登校〟や学者、革新団体の建国記念の日に反対する動きもある▼東京をはじめ全国の多くの都市で、賛成組と反対組の対立がめだっている。なにかのキッカケで両者の衝突が起りはせぬかと懸念される有様だ。国民こぞって祝い、民族の融合を深める目的の国民の祝日だが、建国記念の日は、かえって国民の中の対立を表面化させる結果になった。平地に波乱を起すような、まずいことをしたものだ（略）国民の祝日を追加するのに急ぐ必要はない。国民の意見がひとつに落ち

つくまで待つべきであった。制定を急ぎ、強行した佐藤内閣は何を考えていたのか。（略）

もちろん、この二月十一日を歓迎する人びともいた。昭和二十一年七月に創刊された『神社新報』を見てみよう。なお、同紙は創刊から現在に至るまで「歴史的仮名遣い」を用いており、ここでもそのまま引用する。

『神社新報』昭和四十一年十二月十七日付第一面

論説　紀元節復活の感激

数千万国民の待望せる「建国記念の日」として、二月十一日の紀元節が復活した。苦難十有余年、この日を待ち望んで来た神社人の感激、感銘は限りない。暗雲晴れて晴天に赫々たる太陽を仰ぐの感がある。

○

顧みれば昭和二十三年、祖国が占領の重圧下にある時に、ＧＨＱの指示にもとづいて国の祝祭日の改廃が強行された。当時の神社本庁は、神道指令の猛追及を受けてゐた時代であり、とくに神道指令の精神徹底を目標とするこの法案に反対することは至難な事情にあった。

しかしながら、明治維新によって高揚された「神武創業」の精神を記念すべく創設せられた「二月十一日」の紀元節を葬り去られてしまふことは、なんとしても黙視しがたいものがあった。神社関係の有志は、微力をつくして、この日の廃止に反対した。それは、ひとり神社人有志の切な

る悲願であったのみではなく、国民の大多数、国会議員の多数の同感するところでもあった。（略）

僅か三本の新聞記事を読み較べてみただけでも、この問題をめぐる混迷した世相が眼に浮かぶようである。

現代社会と「建国記念の日」

これからも「国民の祝日に関する法律」（の建国記念の日に関する部分）が改められない限り、「建国記念の日」は毎年やってくる。「建国記念の日」といえども、その日の由縁について何も関心を持たなければただの休みの日である。それも決して悪いという訳でもないであろうが、右に述べたことなど少しでも思い出されるようであれば、ごく僅かでもその日一日が違って見えてくるのであろうか。このように、神武天皇は「建国記念の日」を通じて現代社会になお確かに生きているのである。

井上光貞著『日本の歴史1　神話から歴史へ』

いよいよ本書を閉じる段になった。ここで、序章で述べた事柄を今一度思い起こして頂きたい。そこでは、昭和三十二年（一九五七）十二月に発行された植村清二著『神武天皇——日本の建国』を引きつつ、神武天皇の実在・非実在の問題を手掛かりとして、「神武天皇の歴史学」は可能であるという確信あるいは心証を得て、以降それを拠り所に本書の叙述を始めたのである。読者各位には終章まで読み進めてきて、伝説上の人物である「神武天皇」についても「歴史学」は可能であったとの考えをお持ちになれたであろうか。その点についてこの段になってではあるが、再び考える機会を持つことにしたい。

ここに一冊の本がある。昭和四十年代に出版された「日本の歴史」シリーズの第一巻、井上光貞著『日本の歴史1　神話から歴史へ』（昭和四十年〔一九六五〕二月、中央公論社）である。その「はじめに」の七ページには左右に二点の写真が載っていて、右の写真には「戦後（昭和35年検定）の社会科教科書の日本史の第1ページ」との、左の写真には「戦前（昭和11年）の小学日本歴史の第1ページ（東書文庫蔵）」[7]との説明がある。

賢明な読者には、すでに見通しておられることであろう。それぞれの教科書は、わが国の歴史を繙くに当たっての書き出しが全く異なっているのである。すなわち、右の昭和三十五年の教科書は「大むかしの人々は、かりをしたり、魚や貝をとったり、食べられる植物をさがしたりしてくらしていました」で始まり、左の昭和十一年の教科書は「天照大神はわが天皇陛下の御先祖にてまします」で始まる。この二冊の教科書を並べて載せて、戦前と戦後の歴史教育の隔絶性を明確に示そうというのが同書の狙いであったことは明らかである。

しかし『日本の歴史1』の著者井上光貞はこれに続けて、「しかし、この変化（歴史教育の敗戦を境とした変化）があまりにも急激であったためか、歴史像の分裂ともいうべき奇妙なゆがみが生じてきた」として、その類型を三つに分けて示し、一番目として「そのいちばん右にあるのは、戦前の超国家主義者とあまり異ならない人たちの古代像である」とし、二番目として「戦前に教育をうけた一般の人たちであろう」[8]とし、そして三番目として「いうまでもなく戦後に教育をうけた世代である。この人たちは、古代史の真実の姿を学校で教わった。だから、古代史を研究しているわたくしたちにとって、いちばんわかりのよい人たちである。そのかわり、この世代は、学校の教科書では、すくなくとも歴史の教科書では古事記・日本書紀の神話や物語について教わらなかった」とする。そして次のようにいう。「だが、それでよいのだろうか」[9]。

井上光貞はなお続ける。

> たしかに古事記と日本書紀は、六世紀の大和朝廷の宮廷人が自分たちの支配を合理化するためにつくりだした政治的な所産であって、これ以外に歴史らしい歴史を残してくれなかったのは、日本人にとって不幸なことではあった。しかしながら、だからといって一顧の価値もないように捨て去るのは、これもまた誤りであろう。なぜなら、古事記・日本書紀も歴史の所産だからである。とくに大事なことは、その素材のなかには、遺跡や遺物を研究する人類学や考古学ではとうていとらえることのできない、わたくしたちの祖先の思想や習慣が無尽蔵に編みこまれているということである。
>
> 　この無尽蔵の歴史の宝庫から、正確に科学的に、さかのぼりうるかぎり古い時代の思想や習慣を探りだすことは、もちろん困難な仕事にちがいない。だが、いろいろな学問の助けをかりればけっして不可能なことではなく、すでに多くの成果が積み重ねられてきている。日本人とはいったい何者なのか、日本人の歴史の底を流れているものはいったいどんなものなのか。古事記・日本書紀の神話や物語は、このような問題を引きだしてくるための貴重な古典なのである[10]。（傍点

は原文のママ）

まさに、「古事記・日本書紀も歴史の所産」なのであり、「古事記・日本書紀の神話や物語」は、「日本人の歴史の底を流れているものはいったいどんなものなのか」という「問題を引き出してくるための貴重な古典」ということができるのである。

やはり、「神武天皇の歴史学」は可能であったのである。それどころかすでにこのことは、序章1で取り上げた植村著『神武天皇』であれば昭和三十二年（一九五七）十二月に、井上著『日本の歴史1』であれば昭和四十年（一九六五）二月において、すでに明らかにされていたのであった。今年（令和六年）は昭和三十二年からは六十七年、昭和四十年からは五十九年が経過してしまったが、本書は植村清二氏、井上光貞氏が投げかけた主題についての、近世～近代における神武天皇研究の見地からのひとつの試論ともいえるものである。

本書が多くの人びとによって読まれさまざまな方面からの批評を頂けることがあれば、そして今後あらわれるであろうさまざまな研究のために何か少しでも裨益《ひえき》するところがあれば、著者としてこれに過ぎる喜びはない。

あとがき

ここまで神武天皇なり神武天皇陵について論じてきたが、読者の皆さんはどのような考えあるいは感想をお持ちになられたであろうか。著者としては、本書が読者の皆さんにとって神武天皇なり神武天皇陵なりについて思いをめぐらす契機となったのであれば、とても嬉しく思うばかりである。

本書では、専攻分野の関係もあって神武天皇陵に関する事柄に重点を置いた構成になったが、もちろん『古事記』『日本書紀』には、神武天皇が「高千穂宮《たかちほのみや》」（『古事記』）あるいは「日向国」（『日本書紀』）から「中洲之地《うちつくに》」（大和国）（『日本書紀』）に軍を進めてそこを都と定めて自ら初代天皇として即位し、そして亡くなって陵に葬られるまでの一連の過程が詳らかに記されている。しかし、その神武天皇陵については、末尾に簡潔に述べられているにとどまっている。それでも本書で縷々《るる》みたように、その簡潔に述べられた部分が後世の人びとの注目を集め、神武天皇陵がどこにあるかについての多様な動向があらわれたのである。

しかし考えてもみれば、歴代の天皇陵のなかでもこれだけさまざまな人びとの注目を集めてきた陵もないであろう。その人びとというのは、本書の範囲に限ってみても、学者ばかりでなく天皇をはじめとする朝廷の人びとや、幕府や御三家（徳川斉昭）や大名、そして明治政府、また広く一般の人びと、そしていわゆるお雇い外国人も含まれる。

本書ではその神武天皇陵および神武天皇陵ではないかとされる三ヵ所（四条村の「塚山」、山本村の「神武田」（ミサンサイ）、「洞村」の「丸山」等）の地、つまり、幕府が管理した神武天皇陵、文久の修陵に際して神武天皇陵として「成功」した「神武田」（ミサンサイ）、竹口栄斎・本居宣長・蒲生君平・北浦定政等が神武天皇陵と主張した洞村の「丸山」等の三ヵ所をめぐってさまざまに論じられてきた過程をつぶさにみてきた。しかしそれにしても人びとの関心が神武天皇陵に集中しかつ長期間にわたって継続したというのは、そもそも陵というものがそこに埋葬された（とされる）天皇に思いを寄せるよすがとなり得る場所としてかけがえのないものであることのよいあらわれと思われる。

もっとも本書は、三ヵ所あるとされる神武天皇陵だとされた地のうちのどこが真の神武天皇陵であるかを判断しようとしたのではない。そもそも本書での議論は、神武天皇がいわゆる史上実在した人物であるという前提には立脚していない。それならこれまでの議論はいったい何に基づいて進めてきたのかといえば、それは、それぞれの時代の人びとが神武天皇あるいは神武天皇陵についてどのように考えていたかについて示す史料である。このような史料を、本書ではひたすら読み進めてきたのである。史料を通じてみたその先には、当時の人びとが語る神武天皇あるいは神武天皇陵が確かに存していた。

当時の人びとにとって『古事記』『日本書紀』が記す神武天皇の物語は、記憶に残る印象的なものであったのであろう。本書ではその物語については具体的にみることはしなかったが、翻って考えてみれば、神武天皇が葬られている陵について関心を持つに際して、神武天皇の物語が全く想起されなかったというのも、むしろ考えにくいことなのではないかとも思われる。しかしそれとも、神武天皇陵に関心を持った人びとは神武天皇がただ初代の天皇というだけでその陵に強い関心を向けたということなのであろうか。そんなことでもないであろうと思いつつも、あれこれと、考えあぐねているところである。

本書の執筆に当たっては、すでに前著『天皇陵――「聖域」の歴史学』（講談社学術文庫）で担当していただいた学芸第三出版部・梶慎一郎氏に再びお世話になった。記して心からの感謝を申し上げる次第である。

令和五年十二月

外池　昇

註

[序章]

1 植村清二著『神武天皇』（中公文庫）八〜九ページ。

2 植村清二著『神武天皇』（中公文庫）九ページ。

3 植村清二著『神武天皇』（中公文庫）一一ページ。

4 植村清二著『神武天皇』（中公文庫）一一〜一二ページ。

5 『陵墓要覧』第六版、二ページ。

6 『陵墓要覧』第六版、五三ページ。

[第一章]

1 『新訂増補国史大系第43巻　徳川実紀第六篇』（昭和四十年八月、吉川弘文館）三六五〜三六七ページ。

2 川田貞夫著「幕末修陵事業と川路聖謨」（『書陵部紀要』第三十号、昭和五十四年二月、宮内庁書陵部）一九ページの注（1）を参照。また、佐佐木杜太郎著『細井廣澤の生涯』（昭和五十八年十二月、致航山満願寺）の「行の巻」の「荒廃の皇室御陵」「かくて御陵修垣成る」（一一五〜一三二ページ）参照。

3 秋山日出雄・廣吉壽彦共編『元禄年間山陵記録』（平成六年三月、由良大和古代文化研究協会）四二〜四四ページ。

4 高野和人編纂『天皇陵絵図史料集』（平成十一年四月、青潮社）所収、細井廣澤著　魚住良之写「元禄十一年諸陵周垣成就記」による。以下、同本による。

5 『天皇陵絵図史料集』「元禄十一年諸陵周垣成就記」影印一〇〜一一ページ。翻刻五三ページ。

6 『天皇陵絵図史料集』「元禄十一年諸陵周垣成就記」影印一一ページ。翻刻五三ページ。

7 『天皇陵絵図史料集』「元禄十一年諸陵周垣成就記」影印一一〜一二ページ。翻刻五三ページ。

8 『本居宣長全集第十八巻』（昭和四十八年三月、筑摩書房）三七二ページ。

9 『本居宣長全集第十八巻』三七三ページ。

10 『本居宣長全集第十巻』（昭和四十三年十一月、筑摩書房）四五四ページ。

11 『本居宣長全集第十巻』四五四ページ。

12 『本居宣長全集第十巻』四五四〜四五五ページ。

13 『日本思想大系40　本居宣長』（一九七八年一月、岩波書店）八六〜八七ページ。

14 阿部邦男著「竹口栄斎の『陵墓志』」(森浩一編『考古学の先覚者たち』〔昭和六十年五月、中央公論社〕所収)ならびに、勢田道生著「津久井尚重の研学と交流――附・名古屋市蓬左文庫蔵『講席余話弁抄出』所収学統図翻刻」(大阪大学古代中世文学研究会『詞林』第五十号、二〇一一年十月)。

15 『日本思想大系40　本居宣長』八七ページ。

16 勢田著「津久井尚重の研学と交流」六四ページ。

17 本稿で用いた底本は、『　』の部分は抹消してある。しかし判読はできる状態であったので、ここでは原稿に起こした。

18 奈良県立図書情報館所蔵。国文学研究資料館「国書データベース」による閲覧。

19 雨宮義人著『熱血の古代探求者　蒲生君平』(昭和五十八年四月、下野出版社)二～九ページ。

20 安藤英男著『蒲生君平　山陵志』(昭和五十四年六月、りくえつ)九二～九三ページ。同書には『山陵志』の版本の影印・訓読文・口語訳が掲載されており、以下、訓読文のページを示す。

21 安藤著『蒲生君平　山陵志』九三ページ。

22 安藤著『蒲生君平　山陵志』九三～九四ページ。

23 三島吉太郎編『増補校訂　蒲生君平全集』五四二～五四九ページ。

24 少なくとも今日に伝わる『陵墓志』は第一巻「帝陵部」・第二巻「皇后国母部」・第三巻「皇子皇女部」から成る(阿部著「竹口栄斎の『陵墓志』」二六六～二六七ページ。

25 阿部邦男著『蒲生君平の『山陵志』撰述の意義――「前方後円」墳の名付け親の山陵研究の実態』(平成二十五年三月、皇學館大学出版部)第二編第一部第一章「本居宣長との交流とその意義」)一四一～一四六ページ。

26 『増補校訂　蒲生君平全集』五四九～五五〇ページ。なお同書簡の年代について、編者の三島は享和元年を、註25阿部著『蒲生君平の『山陵志』撰述の意義』は寛政十年を挙げる。

[第二章]

1 『水戸藩史料　別記上』二〇〇ページ。

2 『水戸藩史料　別記上』二〇〇ページ。

3 『水戸藩史料　別記上』二〇〇～二〇一ページ。

4 『水戸藩史料　別記上』二〇四～二〇五ページ。

5 『水戸藩史料 別記上』二〇五ページ。
6 『水戸藩史料 別記上』二〇七ページ。なお、「別紙」には宛名として老中大久保加賀守忠真に加えて老中青山下野守忠裕を記す。
7 『水戸藩史料 別記上』は「御門主」を「延暦寺御門主」とする(二〇八ページ)。
8 『水戸藩史料 別記上』二〇八～二〇九ページ。
9 『水戸藩史料 別記上』二一一ページ。
10 『水戸藩史料 別記上』二一三ページ。
11 鈴木暎一著『藤田東湖〈人物叢書〉』(平成十年一月、吉川弘文館)一〇〇～一〇一ページ。
12 『水戸藩史料 別記上』二二七～二二九ページ。
13 『完本名将言行録第5巻』六九～七〇ページ。
14 『完本名将言行録第5巻』七〇～七一ページ。
15 安藤英男著「解題現代に生きる人間学の名著」(岡谷繁実著、安藤英男校注『徳川将軍の人間学』(平成七年一月、新人物往来社)。
16 『島根のすさみ――佐渡奉行在勤日記』(昭和四十八年一月、平凡社/東洋文庫226)二九一ページ。
17 『島根のすさみ』川田貞夫著「解説」三四七ページ。また、『川路聖謨文書二 日本史籍協会叢書59』(昭和八年四月、昭和四十二年十一月に東京大学出版会より覆刻)「目次」一ページ。
18 『川路聖謨之生涯 全』一五七ページ。
19 『川路聖謨』一六七ページ。
20 『川路聖謨文書四 日本史籍協会叢書61』(昭和八年十月、昭和四十二年十二月に東京大学出版会より覆刻)一三三ページ。
21 『川路聖謨文書四』一三四ページ。
22 この「玉垣」は、第三章1の「四条村の『塚山』」にみえる文政八年(一八二五)三月に摂津国大坂堂島北浜医業渡世三上大助等が寄付した「石柵垣」のことと思われる。
23 『川路聖謨文書五 日本史籍協会叢書62』(昭和九年一月、昭和四十三年六月に東京大学出版会より覆刻)三三～三四ページ。
24 『川路聖謨文書五』三四ページ。
25 『川路聖謨文書五』一五一～一五二ページ。
26 『川路聖謨文書八 日本史籍協会叢書65』(昭和九年十二月、昭和六十年二月に東京大学出版会より覆刻)二二八ページ。
27 『川路聖謨文書八』二二八～二三二ページ。

28 『川路聖謨文書八』二三三ページ。これは、第一章2でみた本居宣長が『古事記伝』で主張した神武天皇陵「綏靖塚」（スイセン塚古墳）説を批判したものである。

29 『川路聖謨文書八』二三三〜二三四ページ。

30 『川路聖謨文書八』二三四ページ。

31 『川路聖謨文書八』二三二ページ。

32 『川路聖謨文書八』二三二ページ。

33 『川路聖謨文書八』二三三ページ。

34 『川路聖謨文書八』二三四ページ。

35 川田貞夫も、第一章1の註2で指摘した同著「幕末修陵事業と川路聖謨」では「神武田」について、『神武御陵考』（本書でいう『神武御陵考草稿』）における川路聖謨による神武天皇の所在地についての考え方について、「同所（引用註、「神武田」）について考定を試み、神武天皇陵の兆域内に比定できるとの結論を引き出している。この見解は、幕府公認の塚山をも含めて神武陵の兆域としている」とする（川田論文七ページ）。

36 この盗掘事件に関しては、茂木雅博著『天皇陵の研究』（一九九〇年五月、同成社）の「第二章　陵墓の発掘」「幕末期の「帝陵発掘事件」」および「付編奈良奉行記録「帝陵発掘事件」」、今井堯著「帝陵発掘一件の考古学的検討」（文化財保存全国協議会編『明日への文化財』第三十号、一九九一年六月）（今井堯著『天皇陵の解明――閉ざされた「陵墓」古墳』（二〇〇九年十月、新泉社）の「附『帝陵発掘一件』の考古学的検討」に再録）、玉利勲著『墓盗人と贋物づくり――日本考古学外史』（一九九二年四月、平凡社選書）の「墓盗人の群れ」を参照。

37 『東京市史稿　御墓地篇』二八ページ、第一章註2で指摘した川田著「幕末修陵事業と川路聖謨」九ページ。

38 『東京市史稿　御墓地篇』三八ページ、第一章註2で指摘した川田著「幕末修陵事業と川路聖謨」九ページ。

39 『川路聖謨文書八』一三六ページ。

40 『孝明天皇紀第一』二五五ページ。

41 『孝明天皇紀第一』二五七ページ。

42 藤田著『幕末の天皇』一五四〜一五五ページ。

43 『神武天皇論』二四八ページ。

44 『神武天皇論』二四九〜二五〇ページ。

45 『三條實萬手録二』一五九ページ。

46 藤田著『幕末の天皇』一三八ページ。

47 『神武天皇論』二五〇ページ。

[第三章]

1 『孝明天皇紀第二』一六七〜一六八ページ。

2 『孝明天皇紀第二』一六八〜一六九ページ。

3 本書では、宮内庁書陵部図書寮文庫所蔵本（函架番号、柳・九七七）による。

4 安彦勘吾著「〈史料紹介〉天誅組関係史料拾遺（二）――奈良奉行所与力手控え「庁攬」」（帝塚山短期大学日本文化史学会『日本文化史研究』第二十号、平成六年一月）、また、奈良市教育委員会『平成十一年度奈良市歴史資料調査報告書（一六）――鏑木家・中條家・大谷家（奈良町関係）史料』（平成十二年三月）の「奈良県立図書館蔵中條家文書」の項（四六〜五三ページ）。

5 『大和人物志』六六四〜六六六ページ。

6 宮内庁書陵部陵墓課編『陵墓地形図集成〈縮小版〉』（二〇一四年九月、学生社）所収の「綏靖天皇桃花鳥田丘上陵之図（大正八年測量、同十三年補修、昭和二年製図）」参照。幕府が神武天皇陵として管理していた四条村の「塚山」は、明治十一年（一八七八）二月に綏靖天皇陵として治定された。第五章1参照。

7 「塚山」は、四条村・小泉堂村の持ち合いである。

8 『書附』における表記は「加志」なので（　）内に「かし」と付してこのように記す。

9 岩本次郎著「平城京研究の先覚者 北浦定政に関する素描」（『奈良国立文化財研究所史料第四十五冊 北浦定政関係資料』、平成九年三月）。

10 拙稿「「神武田」に造営された神武天皇陵をめぐる諸説――大澤清臣『畝傍山東北陵諸説辨』」（成城大学大学院文学研究科『日本常民文化紀要』第三十七輯、令和五年三月）六一ページ、八一ページ。

[第四章]

1 佐竹著「幕末の修陵事業――朝廷側の視点から」九ページ。

2 『続再夢紀事一』二一ページ。

3 『続再夢紀事一』二一ページ。

4 『続再夢紀事一』二二ページ。

5 『続再夢紀事一』二三〜二四ページ。

6 『続再夢紀事一』二四ページ。

7 『続再夢紀事一』二七ページ。

8 『新訂増補国史大系第51巻　続徳川実紀第四篇』（昭和四十二年一月、吉川弘文館）「昭徳院殿御実紀」文久二年（一八六二）閏八月十四日条（三六三ページ）。

9 「文久の修陵と期日」（外池昇編・解説『文久山陵図』〔二〇〇五年二月、新人物往来社〕）三〇〇ページ。典拠となった史料は、戸田忠綱編『戸田大和守山陵修補之顚末』（宮内庁書陵部図書寮文庫所蔵）。

10 拙稿「間瀬和三郎と戸田家」（調布学園女子短期大学『調布日本文化』第六号、平成八年三月）参照。

11 『文久度山陵修補綱要』（宮内庁書陵部図書寮文庫所蔵）。

12 以下の谷森善臣と北浦定政の議論および孝明天皇の「御達」については、拙稿「「文久の修陵」における神武天皇陵決定の経緯」（調布学園短期大学『調布日本文化』第九号、平成十一年三月）を参照。

13 東京大学史料編纂所所蔵、東京大学維新史料引継本「〔谷森（眞男）家文書〕」（Ⅱい47―2）所収。

14 東京大学史料編纂所所蔵、東京大学維新史料引継本「〔谷森（眞男）家文書〕」（Ⅱい47―1）所収。

15 註14に同じ。

16 国立国会図書館蔵『藺笠のしづく』（写本）（八三〇―一五五）。国会図書館デジタルコレクションより。

17 以下史料Aには「ミサンサイ」とも「ミサンザイ」とも記されている。ここでは便宜上「ミサンサイ」とした。

18 岩本次郎著「北浦定政の山陵調査瞥見」（大阪・郵政考古学会『郵政考古紀要』第五十五号、二〇一二年十一月）一八ページならびに『伊賀市史第二巻通史編　近世』（平成二十八年九月）第九章第三節「天皇陵の修復事業と北浦定政」表138「城和領での修陵過程」八九三ページ。また、後出の註19を参照。

19 『山陵御修補始末稿』二（宮内庁書陵部図書寮文庫所蔵）。また、同史料とほぼ同内容の史料は『孝明天皇紀第四』（昭和四十三年八月、平安神宮）文久三年二月二十二日条（三九八～三九九ページ）に掲載されている。そこに示されている典拠は「函底叢書」である。

20 『〔谷森家旧蔵〕山陵関係史料下』（宮内庁書陵部図書寮文庫所蔵）。

21 『孝明天皇紀第四』（昭和四十三年八月、平安神宮）

三九三ページ。

22 『孝明天皇紀第四』九二六ページ。

23 『孝明天皇紀第四』五三〇〜五三二ページ。

24 『文久山陵図』は、国立公文書館内閣文庫所蔵本（『御陵画帖』）が外池『文久山陵図』（二〇〇五年二月、新人物往来社）に収められている。

25 拙稿「近代における陵墓の決定・祭祀・管理——式年祭の変遷」（歴史科学協議会編集『歴史評論』六七三号〔二〇〇六年五月号〕八一〜八三ページ）。

26 拙稿「神武天皇陵埋碑と擬刻」（成城大学民俗学研究所『民俗学研究所紀要』〔第三十四輯、平成二十二年三月〕）参照。

【第五章】

1 『明治天皇紀第一』（昭和四十三年十月、吉川弘文館）慶応三年十二月九日条（五五八ページ）。

2 『日本近代思想大系4 軍隊 兵士』（一九八九年四月、岩波書店）六八ページ。同書が示す「徴兵告諭」の典拠は『法令全書』五—一。

3 『日本近代思想大系4 軍隊 兵士』一七二〜一七三ページ。同書が示す「軍人勅諭」の典拠は『法規分類大全』兵制門一。

4 『明治天皇紀第四』（昭和四十五年八月、吉川弘文館）四八ページ。

5 告文の現代文の作成に当たっては、『明治天皇紀第四』（五六〜五七ページ）を基に、國府《こくぶ》犀東《さいとう》著「神武天皇の鳳蹟」（『神武天皇』〔昭和十五年〈一九四〇〉二月、平凡社〕）の同告文の引用（五八七〜五八八ページ）を適宜参照した。

6 『明治天皇紀第四』五〇ページ。

7 『明治天皇紀第四』二四ページ。

8 高木博志著「富岡鉄斎が顕彰する国史——名教の精神を芸術に寓す」（史学研究会『史林』第一〇一巻第一号〔二〇一八年一月〕）は宮内公文書館所蔵『明治十年大和京都行幸諸記』を取り上げ、「来十年一月、行幸ニ付テハ沿道三里以内、帝王后妃陵皇子皇女御墓並官国幣社箇所里数等詳細取調可申出旨御達」を受けた明治九年（一八七六）十二月二十八日「御巡幸沿道三里以内御陵墓並官幣社里程表」について触れ、これに富岡鉄斎が関与していることが推測されることを指摘する（一六八ページ）。

9 『明治天皇紀第四』六三ページ。

10 米田雄介編『歴代天皇・年号事典』（二〇〇三年十二月、吉川弘文館）「綏靖天皇」〔桃花鳥田丘上陵〕の項（中村一郎執筆）（二七ページ）。

11 『陵墓録完』（国立公文書館内閣文庫所蔵）。

12 『明治天皇紀第十二』（昭和五十年十二月、吉川弘文館）一三八ページ。

13 小高根太郎著『富岡鉄斎〔人物叢書〕』（昭和三十五年十二月、吉川弘文館）九八～一〇八ページ。

14 『明治天皇紀第四』六六ページ。

15 鶴田武良編『鐵齋筆録集成第一巻』（平成三年十一月、便利堂）所収。

16 八田《はった》知紀《とものり》（寛政十一年〔一七九九〕～明治六年〔一八七三〕）か。八田は鹿児島藩士で歌人。元治二年（一八六五）三月に八田は近衛忠房や北浦定政とともに神武天皇陵を参拝したがその際北浦により「丸山」に案内され拝礼がなされた（『伊賀市史第二巻通史編　近世』〔平成二十八年九月〕第九章第三節「天皇陵の修復事業と北浦定政」八九五ページ〔上田長生執筆〕）。

17 『鐵齋筆録集成第一巻』二三二ページ。

18 典拠とした『鐵齋筆録集成第一巻』では「清願」とのみあるが、ここでは「清願（影）」として解する。

19 上田長生著『幕末維新期の陵墓と社会』（二〇一二年二月、思文閣出版）第二章「幕末期の陵墓考証とその「政治化」――谷森善臣と疋田棟隆」に言及がある。

20 「巡陵日誌」（明治九年）（『鐵齋筆録集成第一巻』）四六五ページ。

21 拙稿「「神武田」に造営された神武天皇陵をめぐる諸説――大澤清臣『畝傍山東北陵諸説辨』」（成城大学大学院文学研究科『日本常民文化紀要』第三十七輯、令和五年三月）参照。

22 宮内庁書陵部図書寮文庫所蔵『大澤清臣翁雑記附同署傳』（新日本古典総合データベース）等より。

23 高木著「富岡鉄斎が顕彰する国史」（本章註8を参照）は、後醍醐天皇皇孫尹良親王墓（長野県下伊那郡阿智村浪合）について「鉄斎の尹良親王墓の考証には、たとえ被葬者が誤っていても、宮内省がいったん治定すれば、それをアプリオリに認めるという、近現代日本における陵墓治定体系を受容する歴史意識が反映していた」（一八八ページ）とする。

[第六章]

1 以下、拙稿「奥野陣七と神武天皇――神武天皇陵と橿原神宮の周辺」（成城大学大学院文学研究科『日本常民文化紀要』第二十七輯、平成二十一年十二月）を参照。

2 奥野陣七著『冨貴長寿の枝折』には、管見の限り明治四十二年八月十五日発行の版と大正二年一月一日発行の版がある。前者には家庭教育奨励会に関する記述があり、後者には大正二年の新年を迎える記事等と「明治天皇陛下御製」等がある。なお以下の奥野陣七の回顧談の部分は、両方の版に掲載されている。

3 『皇朝歴代史』には、奥付に「大阪府平民編輯兼出版人奥野陣七大和国高市郡大久保村第四十六番地則神武天皇御陵門住報国社」（傍点引用者）とある版が存する（著者所蔵）。

4 ここでは『日本書紀』の示す干支《えと》のままに記す。

5 『陵墓録完』（国立公文書館内閣文庫所蔵）に次のようにある。

鵜鷀草葺不合命皇子〔神武天皇御兄〕
　彦五瀬命竈山墓　紀伊国名草郡宮郷和田村
明治九年一月決定

6 松葉好太郎編輯兼発行『陵墓誌――古市部見廻区域内』（大正十四年十一月）三十六〜三十七丁。

7 菟田茂丸著『橿原の遠祖』（昭和十五年〔一九四〇〕一月、平凡社）（平成二十八年三月に橿原神宮本殿遷座記念橿原神宮第七代・十一代宮司菟田茂丸著『覆刻橿原の遠祖』〔橿原神宮庁〕として覆刻）二四六ページ。

8 西内成郷が、橿原宮址や神武天皇陵があるのと同じ高市郡の人でありかつ県会議員であったことを指すか。

9 『橿原の遠祖』二四九〜二五〇ページ。

10 『橿原神宮史巻一』（昭和五十六年九月、橿原神宮庁）二七九ページ。

11 『橿原神宮史巻一』二九三〜二九四ページ。

12 『橿原神宮史巻一』三四六ページ。

13 朝日新聞クロスサーチより。『東京朝日新聞』明治三十二年二月二十四日付朝刊第七面。

14 「一九三　橿原神宮神符ヲ畝傍橿原教会へ下附ノ儀ニ付申請」（『橿原神宮史巻一』二八〇〜二八四ページ。

15 『橿原神宮史巻一』三七一～三七七ページ。
16 『橿原神宮史巻一』三七七～三七八ページ。
17 『橿原神宮史巻一』三七八ページ。
18 『橿原神宮史巻一』三七八ページ。
19 『橿原神宮史巻一』三七八～三七九ページ。
20 『橿原神宮史巻一』三八一ページ。
21 『橿原神宮史巻一』三八二ページ。
22 『橿原神宮史巻一』三八五～三八六ページ。
23 『橿原神宮史巻一』三八六～三八七ページ。
24 『富貴長寿の枝折』四六ページ。一部を除きふりかなは省いた。
25 橿原神宮保井文庫所蔵。
26 『橿原の遠祖』二五〇ページ。
27 朝日新聞クロスサーチより。『橿原神宮史巻二』（昭和五十六年十二月、橿原神宮庁）にも同記事は掲載されている（六四七ページ）。
28 辻本正教著『洞村の強制移転──天皇制と部落差別』（一九九〇年十一月、解放出版社）、高木博志著「近代における神話的古代の創造──畝傍山・神武陵・橿原神宮、三位一体の神武「聖蹟」」（京都大学人文科学研究所『人文学報』第八十三号、二〇〇〇年三月）。
29 和田軍一著「臨時陵墓調査委員会」（黒板博士記念会編『古文化の保存と研究』（昭和二十八年二月、黒板博士記念会）二一六～二一七ページ。

[第七章]

1 白野夏雲著『神武天皇御陵考』については、拙稿「白野夏雲の神武天皇陵論──真陵は畝火山全山」（成城大学大学院文学研究科『日本常民文化紀要』第三十三輯（平成三十年三月））参照。
2 「美佐牟邪伊」はカタカナでは「ミサムザイ」となる。白野著『神武天皇御陵考』からの引用の範囲ではこの記載による。
3 『日本古墳文化論』一三一ページ。
4 『日本古墳文化論』一三二～一三三ページ。
5 念のために記せば、富山直人著『ゴーランドと日本考古学』（二〇二一年九月、同成社）によれば、ゴーランドは明治二十年（一八八七）四月三日にも神武天皇陵を訪れている（一五〇ページ）。
6 『ロマイン・ヒッチコック』「関連著作年表」（一九七～一九八ページ）。

7 本書でいう「神武田」（ミサンサイ）の神武天皇陵。

8 『ロマイン・ヒッチコック』五八〜五九ページ。

9 「神武田」（ミサンサイ）にある神武天皇陵が、それ以前の段階で「木柵で八画《角》形に囲まれて」いたことはないと思われる。同論文の和訳（『ロマイン・ヒッチコック』所収）に付された上田宏範の校注22（『ロマイン・ヒッチコック』六六ページ）にこのことについての説明がある。そこには、「ヒッチコックが、近年まで八角形の木柵が存在していたというのは、理解に苦しむ」とある。

10 『ロマイン・ヒッチコック』五九ページ。

【終章】

1 ただし、後に述べるハッピーマンデー制度のために日を固定できない祝日の他にも、春分の日・秋分の日は年によって月日の動きがあるためか、「国民の祝日に関する法律」には直接月日の記載はない。

2 「成人の日」「海の日」「敬老の日」「スポーツの日」は従来それぞれ一月十五日・七月二十日・九月十五日・十月十日とされていたが、そのいわれは、「成人の日」は小正月にあたることが考えられ、「海の日」は明治天皇が明治九年（一八七六）七月二十日に東北巡幸から横浜港に着いたことによるが、「敬老の日」についてはしばしば聖徳太子が悲田院を四天王寺に建立したことによるとされるものの確証はない。「スポーツの日」は、昭和三十九年（一九六四）十月十日に国立競技場（東京都新宿区）で東京オリンピックの開会式が行なわれたことに基づく。

3 以下、明治五〜六年の「布告」については、『太政官日誌』第六巻（昭和五十六年六月、東京堂出版）。

4 『神武天皇即位紀元二千五百三十三年、明治六年太陽暦』（著者所蔵）による。

5 明治六年以降の旧暦・新暦の対照については、西澤宥綜編著『暦日大鑑』（一九九四年二月、新人物往来社）による。

6 永原慶二監修『岩波日本史辞典』（一九九九年十月）の「紀元節」の項。

7 『日本の歴史1　神話から歴史へ』七ページ。

8 『日本の歴史1　神話から歴史へ』八ページ。

9 『日本の歴史1　神話から歴史へ』八ページ。

10 『日本の歴史1　神話から歴史へ』九ページ。

文献目録

この目録では、著者が本書を著すについて直接・間接に参考とした書籍を年代順に列挙した。ただし、本書で取り上げた史料についてはすでにそれぞれの箇所で出典を明記してあるので未刊行の史料については本目録では改めて取り上げることはせず、図書として発行されているもののみを取り上げた。改版・復刻等の場合は初版の年月に置かず、改版・復刻等の年月に合わせた。また、専門家を対象とする論文集や史料集等と一般向けの書籍との区分も敢えてしなかった。本目録が一般読者のさらなる知的好奇心を満足させるための懸け橋となるとともに、神武天皇あるいは神武天皇陵についての出版傾向の変遷を示すひとつの興味深いデータともなればと思っている。

後藤秀穂『皇陵史稿』(大正二年十一月、木本事務所)

平安考古会編纂兼発行『聖徳太子論纂』(大正十年三月)

有馬祐政編『勤王文庫第三編　山陵記集』(大正十年七月、大日本明道会)

松葉好太郎編輯兼発行『陵墓誌——古市部見廻区域内』(大正十四年十一月)

國府《こくぶ》犀東《さいとう》「神武天皇の鳳蹟」の「神武天皇崩御(神武天皇畝傍山東北陵)」(『神武天皇』〔昭和十五年二月、平凡社〕所収)

三島吉太郎編『増補校訂蒲生君平全集』(明治四十四年十一月、蒲生君平全集刊行会、昭和十八年増補六版、盛文社)

和田軍一「臨時陵墓調査委員会」(黒板博士記念会編『古文化の保存と研究』〔昭和二十八年二月、黒板博士記念会〕)

小高根太郎『富岡鉄斎〔人物叢書〕』(昭和三十五年十二月、吉川弘文館)

井上光貞『日本の歴史1　神話から歴史へ』(昭和四十年二月、中央公論社)

黒板勝美他編『新訂増補国史大系第43巻　徳川実紀第六篇』「常憲院殿御実紀巻三十九」(昭和四十年八月、吉川弘文館)

『孝明天皇紀第二』(昭和四十二年一月、平安神宮)

『新訂増補国史大系第51巻　続徳川実紀第四篇』（昭和四十二年一月、吉川弘文館）
『孝明天皇紀第二』（昭和四十二年七月、平安神宮）
『川路聖謨文書二　日本史籍協会叢書59』（昭和八年四月、昭和四十二年十一月に東京大学出版会より覆刻）
『川路聖謨文書四　日本史籍協会叢書61』（昭和八年十月、日本史籍協会／昭和四十二年十二月に東京大学出版会より覆刻）
『川路聖謨文書五　日本史籍協会叢書62』（昭和九年一月、日本史籍協会／昭和四十三年六月に東京大学出版会より覆刻）
『孝明天皇紀第四』（昭和四十三年八月、平安神宮）
宮内庁編『明治天皇紀第一』（昭和四十三年十月、吉川弘文館）
大野晋・大久保正編集校訂『本居宣長全集第十巻』（昭和四十三年十一月、筑摩書房）
宮内庁編『明治天皇紀第四』（昭和四十五年八月、吉川弘文館）
川路寛堂編述『川路聖謨之生涯　全』（明治三十六年十月、吉川弘文館、昭和四十五年九月に世界文庫より複刻）
『水戸藩史料　別記上』（大正四年十一月、侯爵徳川家蔵版、昭和四十五年十二月に吉川弘文館より復刻）
『三條實萬手録二　日本史籍協会叢書125』（大正十五年一月、日本史籍協会／昭和四十七年十一月に東京大学出版会より覆刻）
川路聖謨著、川田貞夫訳『島根のすさみ――佐渡奉行在勤日記』（昭和四十八年二月、平凡社／東洋文庫226）
大野晋・大久保正編集校訂『本居宣長全集第十八巻』（昭和四十八年三月、筑摩書房）
中根雪江『続再夢紀事一　日本史籍協会叢書106』（大正十年八月、日本史籍協会／昭和四十九年一月に東京大学出版会より覆刻）
『大和人物志』（明治四十二年八月、奈良県、昭和四十九年三月に名著出版より複刻）
東京市役所編『東京市史稿　御墓地篇』（大正二年十一月、博文館、昭和四十九年六月に臨川書店より復刻）
遠藤鎮雄訳編『史料　天皇陵――山陵志・前王廟陵記・山陵図絵』（昭和四十九年十月、新人物往来社）
宮内庁編『明治天皇紀第十二』（昭和五十年十二月、吉川弘文館）

『日本思想大系40　本居宣長』（一九七八年一月、岩波書店）
川田貞夫「幕末修陵事業と川路聖謨」（『書陵部紀要』第三十号、昭和五十四年二月、宮内庁書陵部）
安藤英男『蒲生君平　山陵志』（昭和五十四年六月、りくえつ）
橿原考古学研究所編『飛鳥京跡関係史料集(1)〜(4)』「昭和五十三〜五十六年度飛鳥京跡調査概報」付録（昭和五十五年二月〜五十六年十二月、奈良県教育委員会）
星野良作『研究史神武天皇』（昭和五十五年十一月、吉川弘文館）
富岡鉄斎「畝傍山御陵図」（京都国立博物館所蔵）（鉄斎研究所編集『鉄斎研究』第五十三号、昭和五十六年一月）
石井良助編『太政官日誌』第六巻（昭和五十六年六月、東京堂出版）
W・ゴーランド著、上田宏範校注・監修、稲本忠雄訳『日本古墳文化論――ゴーランド考古論集』（昭和五十六年七月、創元社）
橿原神宮編『橿原神宮史巻一』（神武天皇紀元二千六百四十一年辛酉、昭和五十六年九月、橿原神宮庁）
橿原神宮編『橿原神宮史巻二』（神武天皇紀元二千六百四十一年辛酉、昭和五十六年十二月、橿原神宮庁）
橿原神宮編『橿原神宮史別巻』（神武天皇紀元二千六百四十二年壬戌、昭和五十七年九月、橿原神宮庁）
雨宮義人『熱血の古代探求者　蒲生君平』（昭和五十八年四月、下野出版社）
白野仁『白野夏雲』（一九八四年六月、北海道出版企画センター）
『川路聖謨文書八　日本史籍協会叢書65』（昭和九年十二月、日本史籍協会／昭和六十年二月に東京大学出版会より覆刻）
阿部邦男「竹口栄斎の『陵墓志』」（森浩一編『考古学の先覚者たち』〔昭和六十年五月、中央公論社〕所収）
「多武峯略記」（『群書類従・二十四輯』〔昭和七年十月発行、昭和六十二年七月訂正三版第六刷発行、続群書類従完成会〕所収）
由井正臣他校注『日本近代思想大系4　軍隊 兵士』（一九八九年四月、岩波書店）
松井恒太郎編著、下野歴史学会編『宇都宮城主戸田御家記〈復刻版〉』（一九八九年六月、編集工房随想舎）
茂木雅博『天皇陵の研究』（一九九〇年五月、同成社）

植村清二『神武天皇——日本の建国』（昭和三十二年十二月、至文堂、一九九〇年九月に中公文庫に収録）
林宗甫『大和名所記——和州旧跡幽考』（平成二年十月、臨川書店）
辻本正教『洞村の強制移転——天皇制と部落差別』（一九九〇年十一月、解放出版社）
鶴田武良編『鐵齋筆録集成第一巻』（平成三年十一月、便利堂）
玉利勲『墓盗人と贋物づくり——日本考古学外史』（一九九二年四月、平凡社選書）
安彦勘吾「〈史料紹介〉天誅組関係史料拾遺（二）——奈良奉行所与力手控え「庁攬」」（帝塚山短期大学日本文化史学会『日本文化史研究』第二十号、平成六年一月）
秋山日出雄・廣吉壽彦共編『元禄年間山陵記録』（平成六年三月、由良大和古代文化研究協会）
藤田覚『幕末の天皇』（一九九四年九月、講談社選書メチエ26）
岡谷繁実著、安藤英男校注『徳川将軍の人間学』（平成七年一月、新人物往来社）
ミュージアム氏家編兼発行『企画展 幕末の群像——氏家・宇都宮を中心に』（平成七年二月）
長嶋元重「随想——宇都宮藩山陵修補事業と考古資料——神武陵内埋没碑全文および神武陵出土土師器」（『栃木県考古学会誌』第十七集、一九九五年七月、栃木県考古学会）
外池昇「間瀬和三郎と戸田家——「文久の修陵」以前」（調布学園女子短期大学『調布日本文化』第六号、平成八年三月）
岩本次郎「平城京研究の先覚者 北浦定政に関する素描」『奈良国立文化財研究所史料第四十五冊 北浦定政関係資料』（平成九年三月、奈良国立文化財研究所）所収
川田貞夫『川路聖謨（人物叢書）』（平成九年十月、吉川弘文館）
鈴木暎一『藤田東湖（人物叢書）』（平成十年一月、吉川弘文館）
外池昇「「文久の修陵」における神武天皇陵決定の経緯」（調布学園短期大学『調布日本文化』第九号、平成十一年三月）
高野和人編纂『天皇陵絵図史料集』（平成十一年四月、青潮社）

永原慶二監修『岩波日本史辞典』（一九九九年十月、岩波書店）
外池昇『天皇陵の近代史』（二〇〇〇年一月、吉川弘文館／歴史文化ライブラリー83）
奈良市教育委員会『平成十一年度奈良市歴史資料調査報告書（一六）――鷹木家・中條家・大谷家（奈良町関係）史料』（平成十二年三月）
高木博志「近代における神話的古代の創造――畝傍山・神武陵・橿原神宮、三位一体の神武「聖蹟」」（京都大学人文科学研究所『人文学報』第八十三号、二〇〇〇年三月）
米田雄介編『歴代天皇・年号事典』（二〇〇三年十二月、吉川弘文館）
安彦勘吾「〈史料紹介〉神武陵内の埋没碑について」（日本文化史学会〔帝塚山大学短期大学部文化環境学科共同研究室内〕『日本文化史研究』第三十六号、平成十六年三月）
外池昇編・解説『文久山陵図』（二〇〇五年二月、新人物往来社）
『栃木県立しもつけ風土記の丘資料館　第19回秋季特別展図録　前方後円墳の名付け親――蒲生君平と宇都宮藩の山陵修補』（平成十七年九月、栃木県教育委員会）
外池昇「近代における陵墓の決定・祭祀・管理――式年祭の変遷」（歴史科学協議会編集『歴史評論』六七三号、二〇〇六年五月号）
ロマイン・ヒッチコック著、澤田麗荘訳、上田宏範監訳、上田宏範編集『ロマイン・ヒッチコック――滞日二か年の足跡』（二〇〇六年十一月、社団法人橿原考古学協会）
佐竹朋子「幕末の修陵事業――朝廷側の視点から」（明治維新史学会『明治維新史研究』第四号、二〇〇七年十二月）
今井堯『天皇陵の解明――閉ざされた「陵墓」古墳』（二〇〇九年十月、新泉社）
外池昇「奥野陣七と神武天皇――神武天皇陵と橿原神宮の周辺」（成城大学大学院文学研究科『日本常民文化紀要』第二十七輯、平成二十一年十二月）
太田叙親・村井道弘共作『南都名所集　版本地誌大系　別巻二』（二〇一〇年一月、臨川書店）
外池昇「神武天皇陵埋碑と擬刻」（成城大学民俗学研究所『民俗学研究所紀要』第三十四集、平成二十二年三月、成城

大学民俗学研究所）
勢田道生「津久井尚重の研学と交流——附・名古屋市蓬左文庫蔵『講席余話幷抄出』所収学統図翻刻」（大阪大学古代中世文学研究会『詞林』第五十号、二〇一一年十月）
上田長生『幕末維新期の陵墓と社会』（二〇一二年二月、思文閣出版）
外池昇『天皇陵の誕生』（二〇一二年三月、祥伝社新書）
『陵墓要覧』第六版（平成二十四年三月、宮内庁書陵部）
岩本次郎「北浦定政の山陵調査瞥見」（大阪・郵政考古学会『郵政考古紀要』第五十五号、二〇一二年十一月）
阿部邦男『蒲生君平の『山陵志』撰述の意義——「前方後円」墳の名付け親の山陵研究の実態』（平成二十五年三月、皇學館大学出版部）
外池昇「中条良蔵『庁攬』にみえる神武天皇陵修補の発端」（『民俗学研究所紀要』第三十七集、平成二十五年三月、成城大学民俗学研究所）
外池昇「『庁攬』にみる神武天皇陵御修復——文久三年六月の「立会附切」」（成城大学大学院文学研究科『日本常民文化紀要』第三十輯、平成二十六年三月）
宮内庁書陵部陵墓課編『陵墓地形図集成〈縮小版〉』（二〇一四年九月、学生社）
外池昇「神武天皇陵御修復と戸田忠至「中元御祝義金三百疋」——『庁攬』文久三年七月条より」（『成城大学共通教育論集』第七号、二〇一五年三月、成城大学共通教育研究センター）
岡谷繁実『続名将言行録』（明治四十四年五月、帝国青年教育会・文成社、二〇一六年二月に『完本名将言行録第5巻続名将言行録』として大空社より複刻
菟《う》田《だ》茂丸《いかしまる》『橿原の遠祖』（昭和十五年一月、平凡社）（平成二十八年三月に橿原神宮本殿遷座記念橿原神宮第七代・十一代宮司菟田茂丸『覆刻橿原の遠祖』〔橿原神宮庁〕として覆刻
外池昇『検証天皇陵』（二〇一六年七月、山川出版社）
伊賀市編『伊賀市史第二巻 通史編 近世』（平成二十八年九月、伊賀市）

五十嵐公一「第三章　安政の御所造営と文久の修陵」（『天皇の美術史5　朝廷権威の復興と京都画壇　江戸時代後期』〔二〇一七年四月、吉川弘文館〕所収）
高木博志「明治十年天皇行幸と富岡鉄斎」（『富岡鉄斎――和泉国茅渟海畔の寓居にて』平成二十九年六月、堺市博物館）
高木博志「富岡鉄斎が顕彰する国史――名教の精神を芸術に寓す」（史学研究会『史林』第一〇一巻第一号、二〇一八年一月）
外池昇「白野夏雲の神武天皇陵論――真陵は畝火山全山」（成城大学大学院文学研究科『日本常民文化紀要』第三十三輯、平成三十年三月）
外池昇『天皇陵――「聖域」の歴史学』（二〇一九年十月、講談社学術文庫）
清水潔監修『神武天皇論』（令和二年四月、橿原神宮庁）
下村育世「明治改暦におけるグレゴリオ暦をめぐる問題――日本らしい暦とは何か」（『国立歴史民俗博物館』第二二八集、二〇二一年三月）
外池昇「陵墓の多面性について」（成城大学大学院文学研究科『日本常民文化紀要』第三十六輯、令和三年三月）
外池昇「天皇陵にみる重層性――「人類共通の遺産」と「攘夷」」（『歴史評論』八五六号、二〇二一年八月、歴史科学協議会）
富山直人『ゴーランドと日本考古学』（二〇二一年九月、同成社）
佐藤信他『詳説日本史』（二〇二三年三月文部科学省検定済教科書、二〇二三年三月発行、山川出版社）
外池昇「「神武田」に造営された神武天皇陵をめぐる諸説――大澤清臣『畝傍山東北陵諸説辨』」（成城大学大学院文学研究科『日本常民文化紀要』第三十七輯、令和五年三月）

[マ・ヤ・ラ・ワ]

［タ］

［ナ・ハ］

［サ］

索引

［ア］

［カ］

外池　昇（といけ・のぼる）

一九五七年、東京都生まれ。成城大学大学院文学研究科日本常民文化専攻博士（後期）課程単位取得修了。調布学園女子短期大学日本語日本文化学科専任講師等を経て、現在、成城大学文芸学部教授。博士（文学、成城大学）。著書に『幕末・明治期の陵墓』『天皇陵の近代史』『事典　陵墓参考地――もうひとつの天皇陵』（吉川弘文館）、『天皇陵の誕生』（祥伝社新書）、『検証　天皇陵』（山川出版社）、『天皇陵――「聖域」の歴史学』（講談社学術文庫）ほか。

神《じん》武《む》天《てん》皇《のう》の歴《れき》史《し》学《がく》

二〇二四年 一月一一日 第一刷発行

著者 外《と》池《いけ》 昇《のぼる》

発行者 森田浩章

発行所 株式会社 講談社
東京都文京区音羽二丁目一二―二一 〒一一二―八〇〇一
電話 (編集)〇三―五三九五―三五一二
(販売)〇三―五三九五―五八一七
(業務)〇三―五三九五―三六一五

装幀者 奥定泰之

本文データ制作 講談社デジタル製作

本文印刷 信毎書籍印刷 株式会社

カバー・表紙印刷 半七写真印刷工業 株式会社

製本所 大口製本印刷 株式会社

KODANSHA

ISBN978-4-06-534464-4 Printed in Japan N.D.C.210 263p 19cm

講談社選書メチエの再出発に際して

講談社選書メチエの創刊は冷戦終結後まもない一九九四年のことである。長く続いた東西対立の終わりはついに世界に平和をもたらすかに思われたが、その期待はすぐに裏切られた。超大国による新たな戦争、吹き荒れる民族主義の嵐……世界は向かうべき道を見失った。そのような時代の中で、書物のもたらす知識が一人一人の指針となることを願って、本選書は刊行された。

それから二五年、世界はさらに大きく変わった。特に知識をめぐる環境は世界史的な変化をこうむったとすら言える。インターネットによる情報化革命は、知識の徹底的な民主化を推し進めた。誰もがどこでも自由に知識を入手でき、自由に知識を発信できる。それは、冷戦終結後に抱いた期待を裏切られた私たちのもとに差した一条の光明でもあった。

その光明は今も消え去ってはいない。しかし、私たちは同時に、知識の民主化が知識の失墜をも生み出すという逆説を生きている。堅く揺るぎない知識も消費されるだけの不確かな情報に埋もれることを余儀なくされ、不確かな情報が人々の憎悪をかき立てる時代が今、訪れている。

この不確かな時代、不確かさが憎悪を生み出す時代にあって必要なのは、一人一人が堅く揺るぎない知識を得、生きていくための道標を得ることである。

フランス語の「メチエ」という言葉は、人が生きていくために必要とする職、経験によって身につけられる技術を意味する。選書メチエは、読者が磨き上げられた経験のもとに紡ぎ出される思索に触れ、生きるための技術と知識を手に入れる機会を提供することを目指している。万人にそのような機会が提供されたとき初めて、知識は真に民主化され、憎悪を乗り越える平和への道が拓けると私たちは固く信ずる。

この宣言をもって、講談社選書メチエ再出発の辞とするものである。

二〇一九年二月　　野間省伸

ヘーゲル『精神現象学』入門　長谷川 宏
カント『純粋理性批判』入門　黒崎政男
知の教科書 ウォーラーステイン　川北 稔編
カイエ・ソバージュ［完全版］　中沢新一
人類最古の哲学 カイエ・ソバージュI［新装版］　中沢新一
知の教科書 スピノザ　C・ジャレット 石垣憲一訳
知の教科書 ライプニッツ　F・パーキンズ 梅原宏司・川口典成訳
知の教科書 プラトン　M・エルラー 三嶋輝夫ほか訳
フッサール 起源への哲学　斎藤慶典
完全解読 ヘーゲル『精神現象学』　竹田青嗣 西 研
完全解読 カント『純粋理性批判』　竹田青嗣
分析哲学入門　八木沢 敬
ドイツ観念論　村岡晋一
ベルクソン=時間と空間の哲学　中村 昇
精読 アレント『全体主義の起源』　牧野雅彦
九鬼周造　藤田正勝
夢の現象学・入門　渡辺恒夫

ヨハネス・コメニウス　相馬伸一
アダム・スミス　高 哲男
ラカンの哲学　荒谷大輔
解読 ウェーバー『プロテスタンティズムの倫理と資本主義の精神』　橋本 努
新しい哲学の教科書　岩内章太郎
アガンベン《ホモ・サケル》の思想　上村忠男
使える哲学　荒谷大輔
極限の思想 バタイユ　佐々木雄大
極限の思想 ニーチェ　城戸 淳
極限の思想 ドゥルーズ　山内志朗
極限の思想 ハイデガー　高井ゆと里
極限の思想 サルトル　熊野純彦
極限の思想 ラカン　立木康介
〈実存哲学〉の系譜　鈴木祐丞
今日のミトロジー　中沢新一
パルメニデス　山川偉也
精読 アレント『人間の条件』　牧野雅彦

近代性の構造　今村仁司
身体の零度　三浦雅士
近代日本の陽明学　小島 毅
経済倫理＝あなたは、なに主義？　橋本 努
パロール・ドネ　C・レヴィ＝ストロース　中沢新一訳
ブルデュー 闘う知識人　加藤晴久
熊楠の星の時間　中沢新一
絶滅の地球誌　澤野雅樹
共同体のかたち　菅 香子
三つの革命　佐藤嘉幸・廣瀬 純
なぜ世界は存在しないのか　マルクス・ガブリエル　清水一浩訳
「東洋」哲学の根本問題　斎藤慶典
言葉の魂の哲学　古田徹也
実在とは何か　ジョルジョ・アガンベン　上村忠男訳
創造の星　渡辺哲夫
いつもそばには本があった。　國分功一郎・互 盛央
創造と狂気の歴史　松本卓也

「私」は脳ではない　マルクス・ガブリエル　姫田多佳子訳
AI時代の労働の哲学　稲葉振一郎
西田幾多郎の哲学＝絶対無の場所とは何か　中村 昇
名前の哲学　村岡晋一
「心の哲学」批判序説　佐藤義之
贈与の系譜学　湯浅博雄
「人間以後」の哲学　篠原雅武
ドゥルーズとガタリの『哲学とは何か』を精読する　近藤和敬
自由意志の向こう側　木島泰三
自然の哲学史　米虫正巳
夢と虹の存在論　松田 毅
クリティック再建のために　木庭 顕
AI時代の資本主義の哲学　稲葉振一郎
ウィトゲンシュタインと言語の限界　ピエール・アド　合田正人訳
ときは、ながれない　八木沢 敬
非有機的生　宇野邦一
恋愛の授業　丘沢静也

講談社選書メチエ　宗教

MÉTIER

逆襲する宗教

小川　忠